탄소버블

탄소버블

박진수 지음

기후위기는
어떻게
경제위기를
초래하는가

루아크

기후변화 문제는 이미 우리 삶 깊숙이 들어와 있다. 2022년 여름 대한민국 인구의 절반이 사는 수도권을 강타한 태풍과 홍수는 기후변화의 심각성을 다시금 일깨우는 사건이었다. 서울 곳곳의 상가와 빌딩, 반지하 가옥이 속수무책으로 물에 잠기는 장면을 우리는 뉴스를 통해 접해야 했다. 이런 일련의 사건을 통해 많은 사람은 기후변화가 점점 가속화되고 있다는 사실을 조금이나마 체감했을 것이다.

이미 오래전부터 우리는 기후변화를 겪고 있었다. 2002년 태풍 루사가 246명의 사상자와 약 5조 원 이상의 재산 피해를 일으킨 사건을 기억할 것이다.[1] 이후 그 피해의 규모는 한국만이 아니라 전 세계적으로 봤을 때도 점점 확대되었다. 2022년만 놓고 보더라도 독일 재보험사 뮤닉 리Munich Re에 따르면 상반기에만 자연재해로 약 650억 달러(한화 약 88조 원) 이상의 손실이 발생했다.[2]

세계경제는 이미 기후변화에 대응하기 위한 경제체제로 전환하기 위해 발 빠르게 움직이고 있다. 2021년 출범한 미국 바이든 정부는 과거 트럼프 정부에서 탈퇴한 파리기후변화협약에 재가입했다. 트럼프 정부의 방향을 뒤집고 기후변화에 대한 협력과 대응을 약속한 것이다. 미국만이 아니라 영국, 프랑스, 독일, 중국 등 주요 국가들이 2050년까지 온실가스 '넷제로Net-zero'를 선언하기도 했다(중국은 2060년까지 탄소중립을 약속했다). '탄소중립Carbon Neutral' 또는 '넷제로'는 온실가스 순 배출량을 제로로 만들겠다는 의미다. 곧 지금부터 2050년까지 30년이라는 짧은 시간 안에 화석연료에 기반한 경제시스템에서 온실가스 배출이 없는 녹색경제시스템으로 탈바꿈하겠다는 꽤 야심찬 계획이다. 그러나 넷제로는 말처럼 간단한 문제가 아니다. 우리가 지금까지 사용해온 에너지원을 전부 바꿔야 한다는 뜻이기 때문이다. 다시 말해 온실가스를 배출하지 않겠다는 목표는 우리가 상상하는 것 이상으로 어려운 과정을 겪어야만 달성할 수 있다. 당장 자동차, 전기, 음식, 폐기물 처리까지 사회 전체의 운용시스템을 교체해야 한다.

사실 사람들은 알게 모르게 많은 영역에서 이산화탄소로 대변되는 온실가스에 중독되어 있다. 일반적으로 온실가스가 대기 중으로 방출되는 걸 통틀어 '탄소배출Carbon Emission'이라 부르는데, 우리가 잘 의식하지 못하는 탄소배출은 삶 구석구석 자리 잡고 있다. 이를테면, 아침에 일어나 씻을 때 나오는 따뜻한 물을 데우는 데도, 사무실이나 학교, 가정의 전등을 밝히기 위해 전력을 공급할 때도 화석연료를 태워 만든 에너지가 사용된다. 자동차를 이용하는 과정에서 내연기관의 연소가스가 배출되는 건 누구나 아는 상식이다. 이처럼 우리가 일상을 영위하는 동안 전 세계에서 매년 약 500억 톤 이상의 온실가스가 배출되고 있다. 곧 우리 생활을 지탱하는 패턴과 경제시스템이 근본적으로 바뀌지 않는 한 온실가스 배출을 제로로 만드는 것은 불가능에 가깝다고 말할 수 있다.

그럼에도 온실가스를 감축해야 하는 이유는 무엇일까? 더 나은 미래를 위해서다. 온실가스가 차츰 누적되면서 '기후위기Climate Crisis'를 불러오기 때문이다. 기후위기로 인한 강수량과 습도의 변화는 식량 가격을 요동치게 만들 것이며 결국 전 세계 곳곳의 지역 갈등을 더 증폭시킬 것이다.[3] 또 잦은 자연재해는 현존하는 보험시스템으로는 수용할 수 없기에 태풍과 홍수를 감당할 대규모 재정지출과 예산이 필요해질 것이다.[4] 뒤에서 자세히 설명하겠지만 탄소가격이라는 새로운 비용은 연료비, 전력비 등과 같은 에너지비용 상승을 촉발해 경제에 부정적 영향을 끼칠 수도 있으며, 특히 충분한 준비가 되지 않은 에너지 소외계층에게 치명적일 것이다.[5]

이 책의 목적은 온실가스를 근본적으로 줄이지 못했을 때 발생할 여러 위기를 간략히 살피는 데 있다. 그 위기는 우리가 지금까지 경험해보지 못한 새로운 형태의 경제적 붕괴일 가능성이 높다. 이런 위기가 어떻게, 왜 발생하는지 이제부터 찬찬히 살펴보자.

차례

3장 기후와 금융

4장 기후와 산업

1장

기후와 삶

기후변화 문제를 해결하려면 총체적인 변화가 필요하다. 이를 위해서는 엄청난 사회·경제적 비용이 투입되어야 한다. 따라서 오늘날 정책 결정권자들은 저탄소 경제로 나아가는 일을 최대한 나중으로 미루고 싶어 한다. 그러나 진짜 무서운 변화는 아직 시작도 하지 않았다는 걸 기억해야 한다. 지금으로부터 20여 년 뒤인 2040년대의 모습을 상상해 보자.

손바닥으로
하늘 가리기

2040년의 세계는 우리가 상상해온 미래와는 사뭇 달랐다. 기술적으로는 분명 더 편리해졌지만 일상에서 체감하는 삶의 질은 그리 높지 않았다. 야외 활동, 이를테면 친구들과 한강공원에서 간식을 먹으며 여유를 즐기는 일이 불가능한 것은 아니지만, 한파나 폭염 때문에 야외 활동이 가능한 날은 일 년에 얼마 되지 않는다. 대다수 사람들은 야외가 아닌 실내에서 주로 활동한다. 길가에 자리 잡았던 수많은 상점과 음식점은 자취를 감추었다. 일부 지역을 제외하고 전 세계 거의 모든 지역에서 이상 기후가 발생해서다. 빈번한 홍수는 아프리카와 동남아시아 지역에 지속적으로 인명 피해를 일으켰으며, 가뭄과 태풍은 식량이 안정적으로 수급되지 못하도록 만들었다. 2022년부터 매년 반복되어 나왔던 기후위기 뉴스는 메아리 같은 캠페인이 된 지 오래다. 그러나 상대적으로 좋은 인프라를 갖춘 한국에는 허리케인이나 엘리뇨 같은 이상 기후가 직접적으로 영향을 주진 않았다. 꿀벌 서식지가 이동하면서 한국 농촌은 계속해서 경작물을 바꿔야 했지만, '스마트팜Smart-Farm'을 비롯한 농촌의 디지털화는 오히려 더 다양한 작물을 재배할 수 있는 환경을 만들어 기존에 없었던 대형 식량기업을 등장시켰다. 하지만 기온 상승이 불러온 생태계 파괴는 막대한 자본과 특수한 농업기술 없이는 농작물 재배가 불가능하도록 만들었다. 농업은 이제 개개인의 농부가 아닌 기업의 전유물이 되었다. 이런 상황이 될 때까지 사회는 무엇을 하고 있었을까? 2040년이 되기까지 한국의 기후 부정론자들은 기후변화는 과거에도 지속적으로 존재했던 일시적 현상이며 지구는 환경 파괴나 온실가스 배출을 충분히 감당할 수 있다고 주장해왔다. 그들은 환경보호론자들이 단지 도덕적 우월감만 내세우는 존재들이라고 비난하며 기후변화보다 경제적 자유가 훨씬 중요한 가치라고 미디어를 통해 연일 설파했다. 그들이 이렇게 주장한 또다른 이유는 한국이 아무리 노력해도 중국과 미국이 앞장서지 않으면 지구 환경은 어차피

회복될 수 없다는 생각을 가지고 있어서다. 그들의 주장은 기존 정치체제에 실망한 젊은 세대를 중심으로 지지를 받으면서 정치적 영향력을 행사했다. 이에 정치인들은 섣부르게 기후변화 대응을 촉구하지 않게 되었고, 결국 선거 공약에서조차 기후변화 문제는 거의 언급되지 않았다.

한국은 개발도상국과 선진국을 잇는 다리 역할을 해온 국가다. 개발도상국에서 처음으로 선진국에 진입한 모델이었기에 한국의 미적지근한 대응은 많은 개발도상국에게 큰 영향을 끼쳤다. "엄청난 온실가스 배출은 그동안 서구사회가 자행해왔고 그 책임이 크기 때문에 우리까지 굳이 온실가스를 줄일 필요가 있을까?"라는 생각이 점차 확산되면서 글로벌 사회는 온실가스 감축에 실패했다.

결국 2040년이 되면서 지구 평균기온이 1.5도 상승이라는 임계점에 도달하고 말았다.[6] 북극과 남극의 얼음이 녹아 바다의 염분 농도가 낮아지면서 해류의 이동 속도가 떨어졌고, 해류가 제대로 순환하지 못하자 한국, 유럽, 미국을 비롯한 중위도 국가들에 유례없는 한파와 폭염이 들이닥쳤다. 극심한 온도 변화에 대응하지 못한 취약계층의 사망률이 급격히 올라가더니 현장에서 일하는 노동자들의 사망률 역시 기하급수적으로 상승했다. 현장 노동력을 필요로 하는 산업의 타격은 시작에 불과했다. 곧이어 글로벌 식량 공급이 불안정해졌다. 한국은 본래 쌀을 제외한 대부분의 품종에서 해외 의존도가 높았는데, 옥수수나 밀을 대량으로 생산하는 해외 공급처에서 기온과 강수량의 변화로 생산량이 떨어지자 큰 위기에 처했다. 남아메리카의 흉작과 미국의 생산량 감소로 옥수수 가격이 상승하면서 전분당을 가공하는 한국 식품기업들이 직격탄을 맞은 것이다. 옥수수 공급시장의 붕괴는 연쇄적으로 옥수수를 사료로 사용하는 육류산업에도 피해를 주었다. 또 작물지대의 이동이 잦아지면서 종자를 공급하는 글로벌 기업들의 입지가 상승했는데, 이에 따른 종자 로열티 비용이 계속 늘어났다. 많은 식제품을 수입에 의존하는 한국의 물가는 유례없이 치솟았다. 물가를 관리하는 정부와 중앙은행은 해외에서 촉발된 인플레이션을 통제하지 못했다. 뒤늦게 식량지대를 넓히기 위한 프로젝트를 시작했지만 가혹해진 중위도 기후에서 다른 작물을 대량으로 재배하는 것은 비닐하우스를 제외하고는 불가능에 가까웠다.

남극과 북극의 얼음이 녹는다는 것은 단순히 해류의 순환 속도에만 영향을 미치는 게 아니었다. 무역의 핵심 역할을 해온 인천과 부산의 침수 면적이 점점 늘어나기 시작했다. 정부는 뒤늦게 사태의 심각성을 깨닫고 간척사업을 진행했지만, 시간이 터무니없이 부족했기에 과거 인도네시아가 해수 침수로 수도를 옮겼던 것처럼[7] 인천과 부산의 핵심 시설을 내륙으로 이동시키는 계획안을 발표했다. 침수된 지역에 터를 잡고 살던 수십만의 주민은 정부가 임시로 마련한 거처로 이동할 수밖에 없었다.

　한국의 자연재해보험인 풍수해보험은 2022년부터 가입률이 점점 낮아졌다. 거기에 자연재해 피해의 30퍼센트를 복구해주는 무상복구제도가 동시에 시행된 탓에 홍수와 가뭄 같은 자연재해에 대한 금융지원 대비가 제대로 갖춰지지 않았다.[8] 임계점을 넘어선 지구 평균기온은 예측할 수 없는 자연재해들을 계속 일으켰고 자연스럽게 정부의 복구비 증가로 이어졌다. 예상치 못한 지출은 예산 안정성에 부정적 영향을 주었고 기후변화로 인한 인플레이션과 더불어 경제 위기를 유발했다.

　2042년. 한국은 일부 지역이 침수되었고, 식재료 가격은 세 배 이상 올랐으며, 재정적으로 감당할 수 없는 자연재해가 빈번해진 나라로 전락했다. 여기에 자연생태계의 붕괴로 동식물에 서식하던 바이러스들이 인간에게 전이되기 시작했다. 또 동토 얼음에 갇혀 있던 박테리아들도 지구 평균기온 상승으로 인간에게 노출되었다. 그럼에도 한국 사람들은 여전했다. 일부 피해계층을 제외한 대다수 국민은 여전히 기후변화의 원인을 서구 사회나 중국에 있는 것으로 여겼다. 자본을 축적한 사람들과 그렇지 못한 사람들 사이의 갈등은 더욱 격화되었고, 부동산 문제 역시 기후변화로 더 악화되었다.

20년 전 한국의 기후변화 대응이 미흡하지만 않았더라도, 조금만 더 미리 준비했더라도 지금보다는 나았을 것이라고 생각하는 목소리들이 있었지만, 언론에 의해 묻히고 말았다. 기후변화라는 재앙이 코앞으로 다가왔는데도 많은 사람은 여전히 그들의 손바닥으로 하늘을 가린 채 새로운 비난 대상을 찾기에 바쁘다.

위기는 예고하고 오지 않는다

앞에서 언급한 시나리오는 암울하게도 작가의 상상력이 아니다. 지구 평균기온이 1.5도 상승했을 때 일어날 상황들을 최대한 절제해 표현한 것이다. 실제로 이런 일이 발생한다면 이보다 더 좋은 상황은 아닐 것이다.

기후변화가 무서운 것은 이와 같은 암울한 미래가 직선의 형태로 완만하게 다가오지 않는다는 점이다. 자연계에서는 어떤 변화든 임계점을 넘어서면 그에 따른 현상이 급작스럽게 발생한다.[9] 우리는 그 임계점을 보통 지구 평균기온의 1.5도 혹은 2도 상승 사이라고 예상한다. 기후변화 문제에서 자주 언급되는 지구 평균기온 1.5도 혹은 2도 상승은 어떤 의

미일까?

일반적으로 '기후변화'라는 말에서 연상되는 이미지는 날씨가 추워지거나 더워지는 것이다. 여름 기온이 전년보다 상승하거나 겨울에 한파가 닥치면 뉴스에서는 지구온난화 때문에 발생한 현상이라고 보도한다. 그래서 사람들은 기후 문제를 단지 날씨 문제로만 인식하곤 한다. '기후Climate'와 '날씨Weather'가 밀접한 것은 맞지만 개념적으로 큰 차이가 있다. 우선 날씨는 상대적으로 단기적 현상을 의미한다. '오늘의 날씨' '이번 주 날씨' 같은 표현에서 알 수 있듯 일상적인 대기의 온도나 강수·강우량을 나타내는 수단이다. 반면 기후는 특정 장소에 장기적으로 나타나는 현상을 말한다. 곧 기후는 지리적 위치나 특성에 큰 영향을 받는다.

날씨는 본질적으로 불확실성을 내포하고 있다. 저기압, 고기압 같은 수많은 자연조건을 특정 시간에 국한해 분석하면서 강수량이나 기온 같은 대기 상태를 추론해야 하기 때문이다. 이런 예측은 정확하지 않을 수 있다. 반면 기후는 장기간에 걸쳐 커다란 방향성과 경향성을 보인다. 장기적이면서도 넓은 범위의 변화를 나타내기 때문에 확연한 변화를 감지하는 게 가능하다.

국립기상과학원에서 발간한 〈한반도 100년의 기후변화〉

보고서에 따르면,[10] 지난 30년간 한반도 평균기온은 20세기 초반에 비해 1.4도 상승한 연평균 13.2도였고, 연 강수량은 1237.4밀리미터였다(이를 본 외국인들이 한반도의 평균기온을 한국의 일반적인 날씨라 생각하고 여름이나 겨울에 방문한다면 무척 고통스러울 것이다). 기후는 장기간의 변화를 보여주기 때문에 일상과 밀접한 관계를 갖기보다는 자연 생태계나 동식물, 인간의 삶의 양식에 영향을 주는 요소로 작용한다.

그렇다면 한반도가 아니라 지구 전체의 평균기온이 1도 혹은 2도 상승한다면 어떨까? 하루에도 기온은 아침과 저녁으로 수없이 바뀌기 때문에 2도 상승 정도로는 큰 문제가 발생하지 않을 것이라고 생각할 수 있다. 그러나 앞서 말했듯 기후는 장기적 현상을 나타내기에 작은 변화가 우리가 생각하는 것 이상의 큰 변화를 몰고 올 수 있다.

지구 평균기온의 1.5도 또는 2도 상승의 상징적 의미는 2015년 체결된 '파리기후변화협약Paris Climate Change Accord'에서 찾을 수 있다. 파리기후변화협약은 2015년 12월 전 세계 187개국이 모여 기후변화에 대응하고자 체결한 것으로, 각국의 기후변화정책, 온실가스감축정책, 에너지정책의 뿌리가 되는 국제협약이다. 한국의 기후변화정책, 에너지정책, 온실가스감축정책도 이 협약을 근거로 하고 있다. 파리기후변화협약은 국제법적 효력을 지니고 있으며, 여기에 참여한 200여 국가는 자발적으로 결정한 온실가스 감축목표인 국가온실가스감축목표Nationally Determined Contribution, NDC를 지키기 위해 노력하고 있다. 이 협약의 목적은 다음과 같다.

> 이 협약의 목적은 지구 평균기온을 산업화 이전 대비 2도로 제한하고, 더 나아가 1.5도로 제한하는 것으로 한다Its goal is to limit global warming to well below 2, preferably to 1.5 degrees Celsius, compared to pre-industrial levels.

여기서 말하는 "산업화 이전"이란 1900년대를 뜻한다(참고로 산업화라는 직접적 표현을 썼다는 것은 인간의 활동으로 기후변화가 발생했다는 것을 인정한다는 의미다). 곧 현재 전 세계가 목표로 하는 것은 산업화 이전보다 지구 평균기온 상승을 1.5도 혹은 2도 이내로 낮추고자 한다는 것이다. 영국 시사잡지 〈이코노미스트The Economist〉에 따르면 현재 약 1.1도가량 상승했다고 한다.[11]

그렇다면 왜 지구 평균기온 상승의 심각성을 1.5도 혹은 2도로 표현하는 걸까? 첫째, 일반 시민이 이해하기 쉬워서다. 결국에는 사회를 변화시키고 산업을 혁신하려면 누구나 공감

할 수 있는 설명이 필요한데, 이산화탄소 농도로 설명하기보다는 온도로 설명하는 게 담론 형성에 훨씬 효과적이다(IPCC는 기후변화를 온도가 아닌 온실가스 농도와 에너지 균형 시나리오로 설명하고 있다).

둘째, '티핑포이트Tipping Point', 곧 임계점을 설명하는 데 온도가 사람들에게 더 와닿아서다. 사실 기후변화 개념 자체는 1.5도 혹은 2도에 모두 담기 어려운 자연적·생태적 요소들을 내포하고 있다. 그럼에도 온도 방식을 사용하는 것은 자연계의 특성을 담고 있는 '임계점' 자체를 경각시키는 효과를 가져올 수 있기 때문이다. '2도 상승에 도달하는 데 시간이 얼마 남지 않았다'라고 사람들에게 이야기하는 게 훨씬 설득력이 높다.

많은 사람이 기후변화는 이미 닥친 것 아니냐고 묻는다. 반은 맞고, 반은 틀린 말이다. 본격적인 변화는 아직 오지 않아서다. 기후변화는 단순히 여름에 폭염이 닥치고 겨울에 한파를 맞는 수준이 아니다. 한반도의 습도가 특정 범위를 벗어나기 시작했을 때, 해수면 상승이 수용 가능한 기준을 넘어섰을 때 우리는 비로소 기후변화를 체감하게 될 것이다. 기온이 특정 임계점을 넘었을 때 찾아오는 재앙이 어느 정도인지 사실 예상하기 어렵다. 그렇기에 더 적극적으로 대응해야 하는 것이다.

　1.5도와 2도가 중요한 또다른 이유는 글로벌 사회, 인류에게 구체적 목표를 제시할 수 있어서다. 2050년까지 온실가스 배출을 제로로 만들겠다는 넷제로 또는 탄소중립 목표는 산림 흡수원이나 탄소 포집기술에 따른 온실가스 흡수를 마이너스로 삼아 약간의 온실가스 배출을 허용하자는 뜻을 담고 있지만, 결과적으로는 온실가스를 모두 없애겠다는 것이나 마찬가지다. 탄소 포집기술과 산림이 흡수하는 온실가스는 어쨌든 한계가 있기 때문이다. 이런 탄소중립 목표는 누군가 임의로 정한 것이 아니다. 파리기후변화협약에서 지구 평균기온이 1.5도나 2도 이상 상승하지 않게 하자는 목표를 세운 뒤 수많은 논의와 논쟁을 거쳐 나온 것이다.

　만약 지구 평균기온이 1.5도 이상 상승한다면 무슨 일이 일어날까? 가장 먼저 세계 인구의 40퍼센트가 살고 있는 적도 지역은 생존을 위한 최소 한계온도인 35도를 넘어설 것이다. 이는 인간의 자체 냉각기능으로는 버틸 수 없는 수준이다. 그렇게 되면 최소 30억 명의 인구가 인공적인 냉각시스템 아래에서 삶을 이어가야 한다.[12] 냉각시스템 인프라가 구축되지 않은 지역의 사람들은 상상하기 힘든 조건에서 버텨야만 생존이 가능하다는 이야기다.

또다른 커다란 문제는 물 순환과 관련이 있다. 일반적으로 각 도시에는 강수량이 치밀하게 계산된 물관리시스템이 구축되어 있다. 홍수에 대비한 하수시스템이나 가뭄에 대비한 저수지 또는 댐의 수량관리시스템은 각 지역 기후에 맞게 설계되었다. 따라서 기후변화가 야기하는 강수량이나 수온의 변화는 기존 시스템을 붕괴시킬 가능성이 무척 높다. IPCCIntergovernmental Panel on Climate Change(기후변화에관한정부간협의체) 5차 보고서에 따르면, 약 3억 5000만 명의 도시인구가 직접적인 물 부족에 노출될 것으로 전망하고 있다.[13]

지금까지 언급된 것은 아주 작은 부분에 불과하다. 지구 평균기온 상승은 그동안 유지되어온 지구 전체의 균형을 무너뜨릴 것이다. 글로벌 생태계의 붕괴는 그동안 인류가 한 번도 경험해본 적이 없는 일이다. 따라서 이런 추산조차 이전 경험에 의존한 결과일 뿐이다. 확실한 것은 임계점을 넘어선 시점에서 사람들은 기후변화를 위기나 피해라고 생각하기보다 생존의 문제라고 이해할 것이라는 점이다.

다음 장에서는 기후위기가 경제에 어떤 영향을 미치는지 살펴보겠다.

2장

기후와 경제

기후변화, 환경오염, 자연재해와 같은 인류의 생태적 위기는 점점 더 심각해지고 있다. 지구온난화를 막기 위해 화석연료와 온실가스에 기반한 경제체제에서 저탄소 경제체제 Low-Carbon Economy로 나아가는 것이 시대적 과제가 되었다. 특히 이 전환의 과정에서 시장기반 규제정책Market-Based Regulation과 금융-통화정책Financial Monetary Policy의 역할이 무엇보다 중요해졌다. 금융시스템은 기후변화로 인한 재무 리스크를 최소화하면서 재생에너지, 온실가스 감축기술에 필요한 비용을 원활하게 조달할 수 있도록 준비해야 하며, 규제정책은 온실가스 배출에 대한 책임을 명확하게 제시함과 동시에 비용 효율적으로 기업과 개인들이 변화할 수 있도록 유도해야 한다.

기후변화의 물질적 피해 말고 다른 경제적 피해도 존재한다. 이를 '전환 리스크Transition Risk'라 부른다. 한 연구에 따르면 탄소중립정책에 따라 2036년까지 글로벌 화석연료의 가치가 급락하면서 전체의 절반인 11조~14조 달러(약 1경 3000조~1경 6600조 원) 규모 자산이 '좌초자산Stranded Assets'으로 전락할 것이라고 한다. 다시 말해 기후변화라는 재앙을 막기 위해서는 기존 경제시스템을 바꿔야 하는데, 그 과정에서 발생하는 비용도 무시할 수 없다는 뜻이다. 이번 장에서는 탄소버블이 우리 삶에 미치는 영향과 전환 리스크의 핵심인 탄소가격정책(배출권거래제, 탄소세, 내부 탄소세)의 이론적 근거와 실제 사례를 살펴보고자 한다.

가장 큰 시장 실패

시장의 존재 이유는 무엇일까? 시장의 목적은 더 많은 사람의 효용(여기서는 삶의 질을 개선하는 것으로 이해해도 된다)을 증진시키는 데 있다. 상품을 공급하는 사람과 소비하는 사람이 협상을 진행해 효용을 극대화할 수 있는 곳이 바로 시장이다. 곧 시장경제가(사회 구성원 모두를 만족시킬 수는 없지만) 경쟁력 있는 상품을 제공한 공급자에게는 이익을 주고, 소비자에게는 가성비 있는 상품을 구매하도록 해 효율적 사회를 만드는 것이다. 이를 경제학에서는 효율적인 자원분배가 이뤄진 상태, 곧 '파레토 효율Pareto efficiency'이라 부른다. 그러나 완벽한 시장은 존재하지 않는다. 다시 말해 시장은 실패할 수도 있다. 여러 유형의 시장 실패가 있다. 정보의 비대칭성으로 거래자들이 잘못된 가격으로 상품을 거래하기도 하고, 시장 거래로 의도치 않은 외부효과가 발생하기도 하고, 독점 시장이 형성되어 특정 기업에게 이익이 집중되기도 한다.

기후변화는 그동안 우리가 무의식적으로 누려왔던 경제 시스템과 시장의 외부효과에 해당한다. 우리가 경제적으로 크게 성공할 수 있었던 배경에는 인류가 폭발적으로 사용한 화석연료가 있다. 수천 년간 나무의 연소 에너지에 의존해왔던 세계경제는 시간이 지나 석탄이라는 에너지원을 발견해 사용했고, 더 나아가 석유와 천연가스라는 더 효율적이고 운송하기 쉬운 자원을 이용하게 되었다.

2006년 10월 영국의 저명한 경제학자 니콜라스 스턴 경 Lord Nicholas Stern은 당시 영국 재무부 장관이었던 고든 브라운 Gordon Brown의 요청으로 2007년에 기후변화가 세계경제에 미칠 영향을 분석한 보고서를 발간했다.[14] 이는 전 세계 최초로 기후변화를 경제적으로 해석한 보고서였는데, 그 결과를 본 국제사회는 큰 충격을 받았다. 일명 '스턴보고서Stern Review'라 불리는 자료는 기후변화를 인류 역사상 가장 큰 시장 실패로 규정했으며 아무런 행동과 조치를 취하지 않을 경우 매년 5% 이상의 전 세계 GDP 손실이 발생할 것이라고 주장했다. 앞으로 다가올 기후변화와 지구온난화로 인한 경제와 사회적 파국은 양차 대전과 20세기 전반의 경제대공황을 합친 것에 버금갈 것이라고도 언급했다. 이를 완화할 방안으로 온실가스를 배출하는 행위에 세금을 부과하는 탄소세 및 탄소가격정책을 제안했다.

다시 말하지만 기후변화 문제는 단순히 덥거나 추워서 냉난방기를 더 많이 사용하는 문제가 아니다. 전 세계적 경제 위기를 불러올 수 있는 거대한 문제다. 태풍이나 해수면 상승 같은 자연재해의 직접적 피해로 발생하는 비용 말고도 온실가스 규제로 인한 비용도 이제는 무시할 수 없게 되었다. 그리고 이런 피해는 현 세대가 아닌 다음 세대가 겪을 것이다.

문제는 인류 역사상 세계 차원에서 장기적 관점으로 문제를 해결한 사례가 많지 않다는 것이다. 2060년 또는 2080년에 삶을 시작하는 수많은 미래 세대가 지금 세대의 무분별한 온실가스 배출로 재앙 같은 삶을 살 수도 있는 상황을 2023년을 살아가는 사람들은 얼마나 심각하게 인식하고 있을까? 지금 세대는 합리적 근거를 가지고 미래 세대를 위해 무언가를 희생하거나 양보할 수 있을까? 만약 희생해야 하는 주체가 특정 집단이 아니라 사회 전체라면? 과연 그 사회는 이것을 받아들일 수 있을까?

이런 문제를 해결하기 위해 스턴 경은 온실가스에 세금을 물리자고 주장한 것이다. 그 책임을 묻기 위해 필요한 방식이 바로 '사회적 탄소비용Social Cost of Carbon'이다.[15] 온실가스를 1톤 배출했을 때 나타나는 피해의 구체적 대가인 것이다. 탄소비용이 중요한 이유는 경제시스템 안에서 책임을 물을 수 있는 강력한 수단이 될 수 있어서다. 그런데 이 정책을 실현하기 위해서는 무엇보다 온실가스 배출에 대한 책임을 계산할 수 있어야 한다. 그런데 여기에 몇 가지 근본적 문제가 있다.

첫째, 시간이다. 지금 배출되는 온실가스 1톤은 다른 시간대에 사는 사람에게 피해를 준다. 따라서 그 미래의 피해를 현재가치로 환산해야 하는데, 어떤 기준을 가지고 환산해야 하는 걸까? 현재의 100만 원과 미래의 100만 원은 그 가치가 분명 다를 것이다. 자본의 특성상 기회비용이라는 것이 존재하는데, 자본은 이에 대한 대가를 매년 요구하기 때문이다(일반적으로 이 대가를 이자라고 부른다). 반대로 생각하면 미래의 100만 원을 얻기 위해 지금 얼마를 투자해야 하는지에 대한 문제이기도 하다. 또는 100만 원의 피해를 일으키는 오늘의 행위에 어느 정도의 책임을 물어야 하는지에 대한 것이기도 하다. 최근에는 인플레이션과 이자율이 무척 유동적이어서 세계경제의 기회비용을 산정하기가 무척 어려워졌다.

둘째, 지정학적 문제다. 기후변화 문제를 해결하기 어려운 이유 하나는 한 지역에서 배출되는 온실가스가 전 세계에 영향을 미쳐서다. 특정 지역에서 큰 노력을 기울이더라도 다른 지역에서 협조하지 않으면 변화를 이끌어낼 수 없다. 세계 각국은 다른 국가의 배출 경로에 무임승차하거나, 기후변화 완화 이슈에 리더십을 갖고자 할 것이다. 이를테면 한국은 이 문제에서 다소 애매한 위치에 있다. 산업혁명 이후의 누적된 온실가스량을 따진다면 그 위치가 분명치 않다. 또 세계 13위의 온실가스 배출국이지만, 이에 대한 책임을 어떻게 물을지 국제적으로 합의되지 않았다. 곧 현재 온실가스 배출량을 전 세계 인구로 나눠 계산할지, GDP로 나눠 계산할지 어떤 합의도 없는 것이다.

기후변화의 가장 큰 문제는 피해를 만들어내는 지역과 피해를 받는 지역 간의 격차다. 전자는 상대적으로 자본을 잘 축적해놓아서 기후변화에 대응할 수 있지만, 후자는 자연재해보험의 설계나 인프라가 부족해 아이러니하게도 기후변화에 적절히 대응하지 못한다. 따라서 그 피해를 직접적으로 받을 수밖에 없다.

셋째, 기후변화가 불러오는 피해에 대한 불확실성이다(기후변화의 원인이 불분명하다는 이야기가 아니다). 경제가 계속 성장하면서 자산 규모도 점점 커지고 있다. 그러나 어떤 자산이 구체적으로 피해를 받을지 명확하지 않다. 자산만이 아니라 미래 인구 등 예상하기 어려운 변수들이 분명 존재한다. 무엇보다 앞으로 우리가 어떤 경로로 온실가스 배출을 줄일 수 있을지 확실하지 않다. 물론 이런 상황에 대비해 많은 연구기관과 정부는 기후 시나리오를 만들고 있다.[16] 그럼에도 기후변화의 영향이 어느 지역에 어떤 시기에 닥칠지는 아무도 알 수 없다. 이런 기후변화의 불확실성은 기후변화에 대한 일관되지 않은 태도를 양산할 뿐 아니라 기후 부정론자들에게 힘을 실어줄 수 있다.

결론적으로 기후변화는 우리가 풍요롭게 누리고 있는 삶을 지탱하는 경제시스템의 결과물 중 하나다. 따라서 기후변화 문제를 우리 손으로 해결하거나 누군가에게는 책임을 물어야 한다. 그러나 시간·지정학·불확실성 때문에 이를 정확하게 그리고 근거를 가지고 따지기가 어려운 상황이다. 명심해야 할 것은 우리가 이렇게 망설이고, 우왕좌왕하는 사이 기후변화는 우리에게 더 위협적인 존재가 되어 다가오고 있다는 점이다.

탄소에 가격을 매기다

그렇다면 온실가스를 배출하는 행위에 책임을 묻기 위한 방식으로 어떤 것들이 있을까? 크게 세 가지로 이야기할 수 있다. 첫째는 온실가스 배출량을 기준으로 비용을 지불하게 하는 '탄소세Carbon Tax'고, 둘째는 특정 온실가스 감축목표 내에서 온실가스 배출 권리를 오염자 간에 교환할 수 있도록 하는 '배출권거래제Emission Trading System'다. 셋째는 공공 및 민간 인프라, 건설 프로젝트 등의 자본 조달 비용 및 공공 예산지출의 비용–편익Cost-Benefit 분석에 특정 탄소가격을 실제 비용으로 반영하는 '내부 탄소가격정책Internal Carbon Pricing'이다.

현재 '탄소비용' '탄소가격' '배출권거래제 가격' '탄소세'

등 탄소가격에 대한 다양한 개념이 혼재되어 보도되고 있는 상황이다. 이론적으로 완벽한 시장과 경제적 조건이 가정된다면 탄소가격을 구분할 필요가 없겠지만, 정책의 목적이나 정치적 맥락에 따라 탄소가격에 다른 가정을 사용하기 때문에 이 논의를 정확하게 이해하려면 어떤 맥락에서 각 개념이 도출되었는지 알아둘 필요가 있다.

먼저 온실가스를 많이 배출하는 기업을 직접 통제하는 것으로 책임을 묻는 방식을 생각해보자. 이를테면 기업이 온실가스를 과도하게 배출하면 기후변화 문제를 일으킬 수 있고, 앞으로 글로벌 사회에서 강력한 비난을 사거나 제재를 받을 수 있으니 배출을 멈추라고 명령하는 것이다. 그러나 이런 직접규제는 자본주의 시스템에서는 이념적으로 쉽지 않을뿐더러 비용 면에서도 효율적이지 않다. 정부가 수천, 수만 개나 되는 기업을 일일이 관리하는 게 불가능한데다 행정적으로 불필요한 비용을 초래하기 때문이다.

그래서 등장한 것이 탄소세와 배출권거래제다. 간단히 말해 탄소 배출원에 가격을 부과해 감축을 유도하는 것이다. 이는 국가의 시장 개입을 최소화할뿐더러 국가가 감당해야 할 온실가스 감축비용을 낮출 수 있다는 장점을 가지고 있다. 따라서 세계 65개국과 지역에서 이 제도를 채택하고 있다.

최적의 상태를 다시 찾자

탄소세와 배출권거래제의 이론적 근거는 무엇일까? 배출권거래제는 '피구세Piguvian Tax'라는 개념에서 출발한다. 하나의 완벽한 시장이 있다고 가정해보자. 이 시장의 모든 사람은 이성적이며 자기 이윤을 극대화하기 위해 노력한다. 모든 정보는 투명하게 제공될 뿐 아니라 사람들은 시장 가격에 따라 자기 행동을 규제한다. 이런 시장에서 수요와 공급이 만나면 '가격'과 '양(생산량·소비량)'이 결정된다. 그리고 시장이 제대로만 작동한다면 더이상 개선할 것이 없다. 그런데 문제가 발생했다. 완벽했던 생산 과정에서 의도치 않은 오염물질이 발견된 것이다. 이는 시장의 참여자, 소비자, 심지어 생산자에게까지 부정적 영향을 미친다. 그렇다면 이 상황에서 우리는 생산을 중단해야 할까? 만약 중단하지 않는다면 상품을 어느 정도까지 생산해도 되는 걸까? 질문을 조금 더 구체화해보자. 상품 가격이 1000원이고 생산량은 5만 개다. 곧 약 5000만 원의 가치가 시장에서 거래되고 있다. 그런데 만약 오염물질 피해액이 2000만 원이라면 이를 어떻게 규제해야 할까? 생산을 완전히 중단하는 일은 시장이 만들어내고 있는 5000만 원어치의 가치를 없애는 것이기 때문에 그보다는 생산량을 줄이는 쪽으로 가야 할 것이다.

만약 국가가 이를 통제하기 어렵다면 어떻게 해야 할까? 이에 대한 또다른 방법은 개개인의 오염물질 1단위에 벌금을 부과하거나 오염물질 총 허용량을 배분하는 것이다. 전자의 경우 각 개인은 자기 벌금을 다시 계산해 비용을 최소화하는 한에서 오염물질을 배출할 것이고, 후자의 경우에는 개개인의 비용을 비교해 타 업체에게 오염물질을 대신 줄여달라고 부탁할 것이다. 이렇게 시장의 각 주체들이 비용을 스스로 계산해 오염물질 배출량을 정하게 되면 이론적으로 가장 효율적인 감축이 이뤄진다. 정부의 개입으로 인한 행정비용을 줄이고 각 사업장이 비용을 최소화하는 방향으로 오염물질을 배출할 수 있기 때문이다.

이렇게 도입되는 세금이 바로 피구세다. 다시 말해 온실가스 배출에 대해 세금을 부과하는 것인데, 여기에도 물론 몇 가지 문제가 있다. 첫째는 세금을 부과했는데도 기업들이 이를 무시하고 온실가스를 제대로 줄이지 않는 것이고, 둘째는 인플레이션으로 세율에 대한 가치가 바뀐 경우다. 셋째는 새로운 세금이 강력한 정치적 반발을 불러일으킬 수 있다는 점이다.

이 문제에 대한 대안이 바로 '캡-앤드-트레이드Cap-And-Trade' 시스템이다. 말 그대로 일단 가둬두고 거래하게 하는 것인데, 곧 배출권거래제다. 배출권거래제는 특정 오염물질에 대한 요금을 부과하는 방식이 아닌, 일정 기간 배출되는 온실가스에 세금을 부과하는 권리를 배분하는 것이다. 온실가스를 효율적으로 줄인 기업은 여분의 배출권을 다른 기업에 판매할 수 있다. 일종의 인센티브가 가미된 환경정책인 셈이다.

다시 예를 들어보겠다. A는 온실가스 1톤을 줄이는 비용이 1만 원이지만, B는 5만 원이다. 이 두 기업의 가치가 모여 사회적 효용을 만들어낸다면 관리자 입장에서는 감축비용이 조금 더 저렴한 A기업이 최대한 많이 줄이길 원할 것이다. B기업 입장에서는 본인이 필요한 1톤당 5만 원의 비용보다는 A기업이 줄이고 남은 권리를 사 오는 것이 합리적일 것이다. 가장 중요한 것은 비용 지출이 아쉬운 B기업과 온실가스 감축이 이익이 된다는 것을 알고 있는 A기업이 온실가스를 줄이기 위해 기술투자를 한다는 점이다.

이와 같은 탄소세와 배출권거래제에는 당연히 장단점이 존재한다. 마틴 와이츠만Martin Weitzman이라는 미국의 경제학자는 〈Prices vs. Quantities〉는 논문을 통해 사회적 효율성 측면에서 장단기적으로 어떤 정책이 유리한지 비교했다.[17] 배출권거래제가 탄소세보다 상대적으로 더 주목받는 것은 기술혁신이나 정치적 용이성 때문이다. 탄소세는 배출권거래제보다 사회적 합의가 더 많이 요구되고 오염자에게 직접 책임을 묻기 때문에 훨씬 직관적으로 기업들에게 강한 경고를 줄 수 있다. 반면 배출권거래제는 기본적으로 배출권을 주면서 시작하기 때문에 기업의 반발이 덜하다.

물론 오염물질을 제한하는 일에 탄소세와 배출권거래제만 존재하는 것은 아니다. 앞에서 언급한 직접규제처럼 행정기관에서 오염물을 일일이 통제할 수도 있다. 그러나 이는 앞서 말했듯 행정적으로나 사회적으로 불필요한 비용을 초래할 수 있으며 그 과정에서 더 많은 왜곡을 낳기도 한다.

또다른 탄소가격은 투자 결정을 내릴 때 잠정적인 온실가스 배출량에 대한 비용을 가정하는 방법이다. 특정 사업이 시작될 때 보통 예상 수익과 비용을 뽑아보고 수익성이 나온다고 판단이 들면 투자가 이뤄진다. 탄소가격의 중요한 사용방법 중 하나인 '내부 탄소가격'은 사업을 통해 발생하게 될 온실가스 배출량에 특정 가격(탄소가격)을 곱해 혹시 발생할 비용을 계산하는 방식이다. 미국의 일부 주와 영국에서는 공공사업을 검토할 때 반드시 정부에서 발표한 탄소가격을 사업에서 발생할 것으로 예상되는 온실가스량에 곱해 예상 비용의 한 항목으로 지정해야 한다.[18]

지금까지 탄소가격에 대한 개념을 이야기했는데, 탄소가

격의 본질은 온실가스 감축에 있다는 점을 잊지 말자. 곧 우리가 고민하는 탄소가격은 결국 우리 사회가 온실가스를 얼마나 줄이는지에 따라 그 비용이 결정된다.

그래서 탄소가격이 얼만데?

　일부 기후부정론자들은 기후변화를 지연시키기 위한 노력과 비용이 너무 크다고 주장한다. 예를 들어, 온실가스 배출을 줄이기 위해 100조 원의 비용을 투자해 에너지 공급방식을 화석연료에서 재생에너지로 전환했고, 그 결과 90조 원 상당의 기후변화로 인한 물리적 피해를 막았다고 가정해보자. 단순히 계산하면 100조 원을 투자한 데 대한 이해타산이 맞지 않는다. 곧 기후변화를 막기 위한 비용이 돌아올 보상보다 많이 들어간다면 사람들은 지금 경제시스템을 유지하려고 할 것이다. 많은 학자가 기후변화의 피해를 지속적으로 경고해왔는데도 대중의 반응이 오랫동안 미적지근한 것은 어쩌면 이런 인식 때문인지도 모른다. 돌아올 보상이 턱없이 부족하다고 느끼거나 미래의 위기가 지금 자기의 위기와 연결되지 않는다고 생각해서다.

물론 기후부정론자들의 주장은 근본적으로 틀렸다. 기후변화는 악화될 일만 남았기 때문이다. 지구 평균기온은 한번 상승하면 돌이킬 수 없다. 기후변화의 영속성(한번 심각해지면 되돌리기 어려운 특성)은 기후변화를 다른 위기보다 훨씬 더 위협적으로 만든다. 게다가 앞에서 다룬 것처럼 근본적으로 다른 시간대, 다른 세대가 직접적 피해를 받을 가능성이 크기 때문에 여기서 인간의 이기심이 발동할 수 있다.

그래서 경제학자들은 기후변화에 대응하는 것이 경제적으로 얼마나 합리적인지 정책 결정자들을 정량적으로 설득하기 위해 노력하고 있다. 대표 학자가 윌리엄 노드하우스William Nordhaus로, '기후통합평가모델Dynamic Integrated Climate-Economy, DICE'을 통해 그동안 과학의 영역이었던 기후변화 문제를 경제 영역에서 조명해 노벨경제학상을 수상한 인물이다. 기후통합평가모델은 여러 경제적 시나리오와 기후변화를 동시에 고려한 경제 모형이다. 이렇게 도출된 기후통합평가모델의 중요한 결과로 특정 탄소가격이나 탄소세를 산출한다. 탄소가격은 기후변화에 대한 책임과 피해를 정량적으로 정하는

데 중요한 기준이 된다. 예를 들어, 지금의 경제성장이 지속되어 매년 약 500억 톤의 온실가스가 방출되고, 이 때문에 약 5경 원의 기후변화 피해가 미래 세대에 발생할 경우, 이를 줄이기 위해 4경 원의 탄소세를 지불한다 해도 결과적으로 전 인류에 공리적으로 이로운 결정이 되는 것이다.

기후통합평가모델은 이후 여러 형태로 발전되어 다양한 탄소가격 개념을 도출하고 있다. 기후변화의 불확실성과 함께 미래 경제를 예측한다는 게 쉽지 않은 일임에도 자연과학 현상인 기후변화 문제를 경제시스템 안에서 해석하려고 시도한 것은 민간이나 공공 부문의 투자가 정량적이며 재무적 가치에 따라 결정되기 때문이다. 자본주의 사회는 방향을 제시하거나 변화하려 할 때 정량적이고 재무적으로 측정 가능한 수치를 중요하게 여긴다. 이때 사용되는 탄소가격을 산정하는 방법으로는 사회적 탄소비용, 한계감축비용, 잠재적 탄소가격이 있다. 하나하나 간략히 살펴보자.

사회적 탄소비용

'사회적 탄소비용'은 온실가스 1톤이 증가하는 데 따른 경제적 피해를 의미한다. 사회적 탄소비용은 미래 세대의 피해까지 함께 고려한 비용이기 때문에 실제 기후변화가 야기할 피해와 현 세대와 미래 세대 간의 책임 분배가 핵심 분석 가정이 된다. 미래 기후변화의 피해, 곧 농업생산성 변화, 해수면 상승으로 인한 부동산 가격 하락, 산불로 인한 자연생태계 피해 등을 기후통합평가모델로 도출하는데, 세대 간 효용 분배는 할인율[*]이 결정한다.[19]

구체적으로 사회적 탄소비용 산출은 ①인구 및 경제성장 등을 고려해 미래의 배출량 시나리오를 전망하고, ②배출량으로 인한 기후 반응(자연재해 및 생태계 파괴)을 예측하고, ③농업, 건강, 노동생산성 하락 같은 경제적 피해액을 계산하고, ④전체 경제적 피해를 현재가치로 환산하는 과정을 거친다.[20] 최종적으로 미래 기후변화 피해액에서 추가 배출에 따라 증가하는 피해액이 바로 사회적 탄소비용이다. 그러나 사회적 탄소비용은 확실성을 담보할 수 없다는 문제를 가지고 있다. 미래의 기후변화 피해액은 산정 방법론이 완전하지 않아 피해로 인정하는 범위에 따라 크게 달라질 수 있을 뿐 아니라, 할인율에 따라서도 변경 폭이 크기 때문이다. 예컨대, 미래 세대의 효용을 낮게 판단해 할인율을 높게 설정하면 사회적

---

[*]'할인율Rateofdiscount'이란 대규모 사업을 추진하기 위해 그 타당성을 평가할 때 미래에 창출되는 가치를 현재의 가치로 환산하기 위해 시간이 지남에 따라 하락하는 가치의 비율이다.

탄소비용이 감소하는 것이다.

사회적 탄소비용의 대표 사례는 미국 연방정부의 '사회적 온실가스비용Social Cost of Greenhouse Gas'이다. 2013년 미국 오바마 정부에서 '정부부처간협력체Interagency Working Group'를 통해 도출한 사회적 온실가스비용은 당시 톤당 43달러로 측정되었고, 2021년은 물가상승률을 고려해 51달러로 수정되었다.[21] 트럼프 정부에서 사회적 온실가스비용의 사용을 중단시킨 적이 있긴 하지만, 2021년 바이든 정부에서 다시 정부부처간협력체를 재위임해 2022년 상반기에 새로운 사회적 온실가스비용을 톤당 51달러 수준으로 다시 발표했다.

미국 연방정부의 사회적 탄소비용의 특징은 온실가스 1톤 배출에 따른 국내 피해와 세계 피해를 구분해 계산한다는 점이다. 앞서 설명한 것처럼 사회적 탄소비용은 온실가스의 추가 배출이 미칠 경제적 피해를 기준으로 하는데, 해당 피해를 미국 내로만 한정할 때와 세계 차원으로 넓힐 때의 비용이 크게 달라진다. 예컨대, 오바마 정부에서는 세계 피해액을 기준으로 43달러를 미국 연방의 사회적 비용으로 산정한 반면, 트럼프 정부는 5~7달러로 미국만의 피해를 고려해 사회적 탄소비용을 낮게 잡았다.

한계감축비용

'한계감축비용Marginal Abatement Cost'은 지금 당장 온실가스 1톤을 줄이는 데 필요한 비용이다. 여기서 한계는 추가의 의미다. 한계감축비용은 국가든 기업이든 온실가스 감축량이 많을수록 비용이 올라가는데, 이는 감축이 쉬운 부문부터 시작해 점점 어려운 부문에 투자해야 하기 때문이다. 한계감축비용은 현재의 감축비용만이 아니라 여러 온실가스 감축 옵션 중에서 가장 효율적인 기술과 산업을 선택해 적은 비용으로 얼마나 많은 온실가스를 줄일 수 있는지 파악할 수 있게 해준다. 산업별 온실가스 1톤에 대한 한계감축비용이 도출되면 한 국가 안에 감축비용이 낮은 것부터 높은 것까지 한눈에 파악이 가능해 비용 효과적인 국가온실가스감축목표를 세울 수 있다. 예를 들어 A도시에서 온실가스를 줄이기 위해 두 가지 기술을 사용할 수 있다고 해보자. B기업은 온실가스 1톤을 줄이는 데 10만 원이 들고, C기업은 20만 원이 든다면, A도시 입장에서는 B기업의 기술을 활용해 온실가스를 줄이는 것이 도시 전체의 감축비용을 최소화하는 전략이 될 것이다. 그러나 한계감축비용은 기후변화 피해를 전혀 고려하지 않고 기술적 비용만 산정한 것이다. 따라서 진정한 의미를 가지려면 기후변화 피해까지 고려한 데이터에 기반해 활용해야 한다.

잠재적 탄소가격

'잠재적 탄소가격Shadow Price of Carbon'이란 특정 온실가스 감축목표를 달성하기 위한 온실가스 1톤당 한계감축비용으로, 정책 목표를 비용 효과적으로 달성하기 위한 규범적 가격이다. 우선 사회적 탄소비용으로부터 온실가스 감축목표를 도출한 뒤 감축목표 달성을 위한 한계감축비용을 잠재적 탄소가격으로 계산한다.

'녹색금융협의체Network for Greening the Financial System, NGFS'는 83개 중앙은행 및 금융감독기관으로 구성된 네트워크로 기후변화에 대한 금융정책과 가이드라인을 개발하는 협의체다. 2020년 6월 NGFS는 각국의 중앙은행과 금융기관이 기후변화로 인한 재무 리스크를 평가할 수 있도록 6가지 기후 시나리오 및 평가 방법론을 공개한 바 있는데, 여기서 잠재적 탄소가격이 주요 시나리오 결과값 중 하나로 도출되었다.[22]

NGFS는 온실가스 감축기술의 발전, 경제성장, 인구 전망 등과 같은 다양한 사회·과학적 가정을 기반으로 온실가스 감축 및 탄소가격 시나리오를 만들고 있다. 시나리오 내 사회·과학적 전망은 2100년까지의 인구, GDP, 도시화율 등에 대한 일련의 가정인 'SSPShared Socio-economic Pathway'에 기반하고 있으며, 경제와 기후를 종합적으로 전망하는 통합평가모델을 활용한다.

NGFS 시나리오에서 각국의 기후 및 온실가스정책은 모두 탄소세 형태로만 경제시스템에 도입된다고 가정한다. 곧 각국의 온실가스 감축목표를 달성할 수 있도록 유인을 주기 위한 방식을 탄소가격제를 통해서만 달성한다고 가정하기 때문에 앞서 설명한 세 가지 탄소가격 중 잠재적 탄소가격이 적용된다. NGFS 탄소가격은 경제 내 에너지 수요에 영향을 줄 뿐 아니라 기술 투자의 유인책으로서 기술 개발을 앞당길 수 있는 역할을 하도록 설계되었다.

NGFS는 2050년 넷제로 목표를 위한 '2050 탄소중립 시나리오', 총 누적 감축량이 지구 평균기온 2도 상승을 저지하는 'Below 2°C 시나리오', 전반적으로 탈탄소가 매우 느리게 진행되는 'Delayed Transition 시나리오'를 설정해 세 가지 탄소가격 전망을 내놓고 있다. 2050년까지 한국이 탄소중립 목표를 달성하려면 2025년 기준으로 약 87달러(약 11만 원), 2050년 기준으로는 718달러(약 87만 원)의 탄소가격이 도입되어야 한다.

NGFS의 탄소가격 데이터는 한국은행, 유럽중앙은행, 중국인민은행 등에서 기후변화로 인한 금융 리스크를 파악하기 위한 기후 스트레스 테스트를 진행할 때 사용되며, 국내

외 금융기관들이 탄소가격 전망을 준용하는 데 있어 현시점에서 가장 핵심적인 데이터라고 볼 수 있다. 다만, NGFS는 분석 목적이 미래를 전망하기 위한 게 아니라 미래 경제 리스크를 파악하기 위한 것임을 당부하고 있다. 곧 각국은 온실가스 정책 목표를 달성할 수준으로 자국 내 탄소가격이 형성되어 있는지 평가할 하나의 기준으로 NGFS의 탄소가격을 활용할 수 있다. 한 예로 2021년 5월 영국 중앙은행은 NGFS 탄소가격을 준용해 2030년까지 150달러 이상의 탄소가격이 각국에 도입되어야 2050년 넷제로를 달성할 수 있다고 강력하게 주장한 바 있다.

내부 탄소가격 그리고 IMF 탄소가격

탄소가격정책은 특정 국가에만 적용되는 것은 아니다. 국제개발은행을 비롯해 J. P. 모건, 골드만삭스 등 글로벌 투자사들도 '내부 탄소가격Internal Carbon Pricing'을 정책 리스크 프리미엄으로 반영하고 있다. 또 세계 매출 순위 100위 안에 드는 유럽 기업의 28%, 일본 기업의 20%, 영국 기업의 20%가 이미 내부적으로 탄소가격을 정해 투자 및 비즈니스 전략에 반영하고 있다.[23] 내부 탄소가격은 기업이나 조직이 탄소 배출의 환경 비용을 고려하는 방식으로 운영에 부과하는 요금이다. 곧 내부 탄소가격은 자발적으로 비즈니스에서 발생할 온실가스에 대한 내부 판단용 가격이다. 일반적으로 어떤 사업이든 비용이 있으면 이익이 있다. 어떤 비즈니스를 진행할지는 얼마나 이윤을 남길 수 있는지를 기준으로 판단하는데, 이때 자체적으로 온실가스에 대한 비용을 감안한다는 것이다.

기업이 내부 탄소가격을 도입하면 어떤 장점이 있을까? 먼저 혹시 모를 미래의 온실가스 규제에 대비할 수 있다. 또 기업이 탄소 배출을 줄이기 위한 새로운 기술과 방법을 탐색할 수 있는 재정적 인센티브를 제공한다. 온실가스 배출 비용을 사업 비용에 반영함으로써 기업은 투자와 자원 할당을 더 올바르게 판단할 수 있다. 곧 탄소 배출 비용을 고려함으로써 기업은 기후변화 위험에 적절히 대응하고 저탄소 경제에서 기인하는 잠재적 기회를 파악할 수 있는 것이다. 그러나 내부 탄소가격은 서로 다른 산업과 분야에 적용할 표준 측정기구가 없기 때문에 가격 결정 과정이 무척 어려울 수 있다. 따라서 합리적 선에서 연구소나 국제기구에서 발표한 탄소가격을 차용하는 것이 효과적이다.

탄소가격에서 가장 과감한 기관 중 하나는 국제통화기금 IMF이다. IMF는 2019년 파리기후변화협약 목표를 달성하기 위해서는 탄소가격이 전 세계 평균 75달러가 되어야 한다고 제언한 바 있다. 2021년 6월에는 다시 선진국과 신흥시장을 나눠 차등적으로 '국제탄소가격하한제International Carbon Price Floor, ICPF'를 도입해야 한다고 주장하기도 했다.[24] 단순히 탄소세를 걷는 것에 그치지 않고 탄소세로 얻은 수익을 취약계층이나 온실가스 감축기술을 개발하는 데 투입해야 한다고도 이야기한다. IMF는 탄소 1톤당 75달러의 ICPF가 2030년까지 참여국에서 배출량을 23% 감소시키고 GDP 대비 약 1%의 수입을 창출할 수 있다고 말한다. 아울러 이를 통해 청정 기술에 대한 혁신과 투자가 이뤄질 수 있다고도 강조한다.

현재 미디어에서 언급되고 있는 탄소가격은 앞의 세 개념이 혼재되어 있다. 기억해야 할 것은 탄소가격의 도입 목적은 온실가스의 책임을 묻는 '오염자 부담원칙Polluter Pays Principle'을 준수하는 것과 온실가스 배출 주체들이 자발적으로 온실가스 감축기술을 개발하도록 만드는 데 있다는 것이다. 곧 국가의 온실가스 감축목표량을 직접규제로 기업이나 소비자에게 요구하는 게 아닌, 경제활동 내에 추가 비용을 내재화함으로써 기술 개발과 소비자의 행동 변화, 투자 변화를 유도하는 것이다. 우리의 목적은 온실가스를 줄이는 것이지 개념적으로 탄소비용이 얼마인지 따지는 것이 아니다.

오염할 수 있는 권리를 거래한다

'배출권거래제Emission Trade System, ETS'는 한국 온실가스 배출량의 약 70%를 관리하고 있다. 기업에게 기후변화의 책임을 직접적으로 묻는 제도라고 보면 된다. 오늘날 기업이 기후변화를 피부로 느낄 수 있는 부분이 바로 배출권 구매비용이다. 따라서 배출권거래제가 어떤 구조로 운영되는지 아는 것은 현실로 닥친 기후변화 재무 리스크를 이해하는 첫 단추가 된다.[25]

한국의 배출권거래제는 2012년 11월 '온실가스 배출권의 할당 및 거래에 관한 법률'로 제정되었으며, 2015년부터 5년 단위로 기본계획을 수립하고 있다. 배출권거래제와 관련 있는 정부 부처는 꽤 많다. 기본 배출권거래제의 수립 주체는 기획재정부지만 할당 계획은 환경부가 주도하고 있다. 또 온실가스종합정보센터에서 배출권등록부와 상쇄권등록부를 관리한다. 참고로 온실가스종합정보센터에서 배출명세서를 다운받을 수 있는데, 배출권거래제에 등록된(우리가 알 수 있는 기업 대부분) 업체들의 배출량을 확인할 수 있다.

한국 환경부가 명시하고 있는 배출권거래제의 이론적 근거는 '한계감축비용의 최소화'와 '오염자 부담원칙'이다. 여기서 '한계감축비용을 최소화하겠다'는 것은 가장 적은 비용으로 온실가스를 줄일 수 있는 기업이 스스로 나서서 온실가스를 줄이는 것이 국가적으로 봤을 때 비용 효과적이란 뜻이다. 그렇다면 왜 배출권거래제가 국가 입장에서 비용 효과적인 걸까? 정부가 특정 기준을 가지고 배출권을 A와 B 기업에게 나눠주었다고(이하 할당) 해보자. 각 기업은 서로 다른 기술을 가지고 제품을 생산하기 때문에 온실가스를 줄이는 비용 또한 다르다. 이를테면, A기업이 온실가스 1톤을 줄이는 데 100달러가 필요하고, B기업은 80달러가 필요하다고 가정해보자. 배출권거래제 아래에서는 A기업이 B기업에게 90달러를 지불하면서 온실가스를 대신 감축해달라고 부탁할 수 있다. 이것이 바로 배출권 거래다. 곧 국가가 온실가스 비용이 낮은 B

기업에게 부담을 강요할 필요가 없는 것이다. B기업은 추가 감축으로 비용이 발생하겠지만 10달러라는 수익을 얻기 때문에 온실가스 감축에 대한 유인이 더 생긴다. 이때 만약 C기업이 등장해 더 낮은 가격으로 온실가스를 줄일 수 있다고 A기업에게 제안한다면, 그동안 보지 못한 온실가스 감축시장이 형성되면서 기술 혁신과 개발이 이뤄질 수도 있다.

한계감축비용(추가 감축에 필요한 비용)은 온실가스를 많이 감축할수록 올라간다. 이는 자연스러운 현상인데, 석탄발전소가 만약 10톤의 온실가스를 줄여야 한다면, 우선 비용이 가장 적게 드는 원료의 효율화를 추진할 것이고, 비용이 많이 드는 부분의 감축은 최대한 늦추려 할 것이다.

곧 배출권거래제는 기업의 감축비용이 서로 다른 상황에서 배출권 시장이 자발적으로 형성되어 기술 개발을 이끌어 낼 수 있을 뿐 아니라 국가 차원에서 보더라도 가장 낮은 비용으로 온실가스를 줄이는 효과를 가져올 수 있다.

총배출할당량이란?

앞서 정부가 배출권을 기업들에 임의로 나눠준다고 했다. 그렇다면 해당 배출권의 총합, 곧 총배출할당량CAP은 어떻게 결정하는 걸까? 전체 배출권은 국가온실가스감축목표를 따

라간다. 한국을 포함해 세계 각국은 국가온실가스감축목표,
곧 2030년까지의 온실가스 감축목표를 제출하고 5년마다 이
를 갱신한다. 배출권 시장에 할당되는 총 배출권 양은 5년 단
위로 감축목표 경로를 따라 점차 줄어들도록 설계된다. 유럽
연합이나 미국 캘리포니아에서도 같은 방법을 적용하고 있는
데, 유럽연합의 특징은 5년 단위가 아니라 1년 단위로 배출권
수량을 줄이고 있다는 점이다.

총배출할당량 결정은 무엇보다 중요한 문제다. 전체 시장
에서 기업들이 가질 수 있는 권리가 얼마나 되는지 정하는 것
은 시장에 직접적으로 영향을 주기 때문이다. 유럽연합은 감
축목표보다 더 강하게 규제하고 있는데, 이는 시장 상황과 온
실가스 감축 필요성에 따라 정부가 강하게 개입할 수 있다는
뜻이기도 하다.

배출권 종류

배출권은 크게 '유상할당Auction'과 '무상할당Free Allowance'
이 있다. 유상할당은 배출권을 주기는 하지만 구입해야 한다
는 개념이고, 무상할당은 말 그대로 배출권을 무료로 나눠준
다는 뜻이다. 당연히 기업은 유상할당을 반기지 않는다. CAP
의 양이 많더라도 유상할당 비율이 높으면 기업은 어차피 배

출권을 구매해야 하기 때문에 유상할당 비율은 전체 배출권 할당량 다음으로 중요한 규제 요소로 작용한다.

유럽은 에너지발전 부문의 유상할당 비율이 100퍼센트 인데, 이는 온실가스는 100퍼센트 돈을 지불하고 배출해야 한다는 의미다. 반면 한국은 전체 유상할당 비율이 3퍼센트 내외이며, 앞으로 10퍼센트까지 높일 계획이다. 그런데 유상 할당 비율이 높다고 해서 정부가 강매하는 것은 아니다. 유상 할당 50퍼센트라는 것은 나머지 50퍼센트를 경매시장에서 따로 구매하라는 뜻이다. 다시 말해 국가 혹은 산업별로 할당 되어야 할 무상할당의 일부는 경매시장에서 구입해야 하는 것이다.

보통 각 산업별로 유상할당 비율이 조금씩 다르다. 그 이 유는 강하게 규제했을 때 자칫 그 산업이 해외로 이탈할 수 있어서다. 이를 '탄소누출Carbon Leakage'이라고 부른다. 곧 국 가가 온실가스 배출량을 지나치게 규제했더니 생산공장을 다 른 나라로 옮기는 현상이다. 사실 이 문제는 꽤 중요하다. 특 히 규제 대상이 세계적인 기업일 때 이 문제는 더 심각해진 다. 그래서 배출권거래제를 운영하는 국가는 그 가능성을 파 악하기 위해 일반적으로 탄소누출 정도를 계산하는데, 이때 산업의 탄소집약도와 무역집약도를 기준으로 삼는다. 탄소집약도는 온실가스를 상대적으로 많이 배출하면 그만큼 배출에 대한 부담이 크다는 뜻이고, 무역집약도는 수출입액이 매출에 차지하는 비중을 뜻한다. 무역집약도를 보는 이유는 두 가지다. 첫째, 무역을 많이 하면 그만큼 쉽게 공장을 해외로 이전할 수 있기 때문이고, 둘째, 무역을 많이 하는 산업이라면 다른 국가의 제품과 경쟁 관계에 있기 때문이다. 곧 타 국가가 온실가스 배출을 규제하지 않는다면 자국 기업의 경쟁력이 하락할 수도 있다. 따라서 이때 정부는 유상할당 비율을 상대적으로 낮추는 등의 정책적 배려를 한다. 이 문제는 앞으로 언급할 탄소국경조정세와도 관련이 있다.

규제 대상

온실가스를 배출하는 모든 기업이 규제 대상이 되는 것은 아니다. 연 배출량이 2만 5000톤이 넘는 사업장 또는 12만 5000톤 이상의 온실가스를 배출하는 기업이 할당업체 또는 사업장이 된다. 또 이산화탄소CO_2, 메탄CH_4, 아산화질소N_2O, 수소불화탄소$HFCS$, 과불화탄소$PFCS$, 육불화황SF_6을 배출원으로 정의한다. 한국은 유럽과 달리 간접배출(전력 혹은 열) 같은 에너지도 온실가스로 인정해 규제하고 있다. 한국이 상대적으로 유럽에 비해 에너지를 소비하는 대상에게 더 큰 책임을 묻고 있다는 뜻이다. 이는 전력 생산의 주체가 달라서 발생한다. 유럽 및 미국은 전력의 상당 부분을 민간에서 생산하는 반면 한국은 공기업에서 생산한다. 따라서 공공재 성격이 강한 전력을 소비하는 주체에게 책임을 더 묻는 것이다.

할당 방식

배출권거래제는 어떤 식으로 할당하는 걸까? 이에 대한 중요한 개념으로 '벤치마크Benchmark 할당'과 '그랜드파더링 Grandfathering 할당'이 있다. 그랜드파더링 할당은 과거 배출 기록을 토대로 나눠주는 것이고, 벤치마크 할당은 같은 업종의 단위활동에서 발생하는 온실가스량을 토대로 할당하는 것이다. 유럽은 대부분 벤치마크 할당 방식을 도입하고 있는데, 기업 내 효율적인 경쟁을 유발할 수 있기 때문이다. 그런데 벤치마크 할당에서 가장 중요한 것은 어떻게 업종을 구분하느냐다. 실제로 같은 제품을 만들더라도 산업 분류에 따라 다른 벤치마크 기준이 설정될 수 있다. 예를 들어 똑같은 철강 제품을 단순히 하나의 카테고리로 묶어 배출 효율이 좋은 상품을 기준으로 나눠주는 것보다는 건축자재용 철강(저탄소)과 부품 철강(고탄소)으로 나눠 할당한다면 상대적으로 부품 철강제품을 생산하는 기업이 불리해진다. 마찬가지로 화석연료를 통해 생산한 전기를 하나의 제품으로 보고 배출 효율을 판단하면 석탄발전소와 LNG발전소 중에서 LNG발전소가 조금 더 유리할 것이고, 반대로 석탄발전소에서 생산한 전력과 LNG발전소에서 생산한 전력을 서로 다른 제품으로 나눠 온실가스 배출 효율을 본다면 상대적으로 석탄발전소가 유리할 것이다.

국제 상쇄권

배출권거래제에서 빠지지 않고 등장하는 개념은 이른바 '상쇄권Offset Credit'이다. 이는 다른 지역이나 부문에서 감축한 온실가스를 하나의 상쇄권으로 인정해 다른 나라에서도 사용할 수 있도록 하는 제도다. 상쇄권 사업은 중요한 국제사업 중 하나로 자리를 잡았고, 매년 열리는 기후 관련 국제회의에서 국가 간 상쇄권 이용 규칙을 정하는 것이 가장 뜨거운 화제가 되기도 한다. 특히 한국처럼 온실가스를 감축하는 데 많은 비용이 드는 국가에서는 상대적으로 온실가스를 감축하는 비용이 적은 동남아시아나 아프리카에서 온실가스를 대신 줄이는 시스템이 매력적일 수밖에 없다. 한국은 배출권 전체의 10퍼센트 이상까지 상쇄권으로 대체가 가능하다. 이런 상쇄권은 주로 온실가스 감축기술이 없는 국가에서 실행되는데,

해당 국가와 국제기구의 엄격한 기준을 통과해야만 상쇄권을 인정받을 수 있다.

전 세계적으로 가장 유명한 배출권거래제는 유럽배출권 거래제EU-ETS로 2005년부터 시행되어 가장 성공적으로 온실가스 감축을 이끌어내고 있다. 미국에서도 동부 지역과 캘리포니아에서 배출권거래제를 시행하고 있고, 중국 역시 2022년부터 배출권거래제를 시작했다.

앞으로 탄소중립 목표에 가까워질수록, 국가온실가스감축목표가 강화될수록 배출권거래제에 따른 규제비용은 단기적으로 증가할 것이다. 그러나 아이러니하게도 이 비용은 다른 규제와 달리 징벌적 성격을 지닌 제도이기 때문에 온실가스만 확실하게 줄인다면 비용은 극적으로 낮아질 것이다. 더나아가 이익을 창출하는 기업이 나올 수도 있다. 따라서 배출권거래제는 기업들의 장기적 경쟁력을 이끌 뿐 아니라 비용효과적으로 온실가스를 줄일 수 있는 현실적 정책이 된다.

탄소 상쇄권 프로젝트는 탄소중립을 실현하기 위한 대안적 방법 중 하나다. 그러나 이 프로젝트에는 치명적인 문제가 있다. 상쇄권 자체에 대한 검증이 불투명하다는 것이다. 예를 들어, 인도네시아에서 조성한 숲이 약 10만 톤의 온실가스를 흡수해 이를 상쇄권으로 인정받았다고 해보자. 그런데 산불이 발생할 수도 있고, 숲이 10만 톤의 온실가스를 흡수하는데 10년이 걸릴지, 15년이 걸릴지 알 수 없다. 또 상쇄권 발급과 거래를 감독하는 국제기구가 없기 때문에 발급기관이 상쇄권을 부당하게 발급하더라도 이를 제지하기가 쉽지 않다. 이런 문제들은 정부나 국제기구의 적극적 개입이 필요하다는 것을 보여준다.

탄소국경,
온실가스 누출을 막아라

　　현실적으로 온실가스를 규제하는 정책을 전 세계, 전 지역을 대상으로 펼 수 있는 정부는 존재하지 않는다. 따라서한 국가의 탄소가격정책의 규제를 받지 않기 위해 다른 지역으로 공장을 이전하는 기업이 존재할 수 있다. 미국이나 유럽, 한국에서 온실가스 배출을 아무리 규제해도 특정 산업이규제가 약한 나라로 이동해 온실가스를 계속 배출한다면 온실가스 규제의 의미는 퇴색하고 만다. 예를 들어, 한 기업이유럽의 탄소가격정책으로 매년 100만 달러의 비용을 추가로사용하고 있다고 가정해보자. 그런데 만약 탄소가격정책이없는 베트남에 공장을 설립할 수 있고, 공장 이전 비용이 100

만 달러 이하라면? 아마도 기업은 유혹에 빠질 것이다. 이런 현상을 '탄소누출'이라 부른다. 지역 단위의 온실가스 억제정책이 오히려 다른 지역의 탄소 배출을 유도하는 결과를 낳는 것이다.

강력한 세계정부가 없는 이상 이론적으로 탄소누출을 막지 못한다. 국가의 권한은 특정 영역에 머물지만 기업은 국경을 넘어 이동할 수 있기 때문이다. 기후변화와 온실가스 감축의 중요성이 대두된 이래 여러 학자와 정치인은 탄소누출 현상을 걱정해왔다. 실제로 탄소집약산업인 석유나 제조업 기업들이 탄소배출 규제가 심한 유럽과 미국에서 상대적으로 규제가 느슨한 개발도상국으로 이동한 사례가 많다.

또다른 문제는 온실가스 규제가 강한 나라의 제품경쟁력 악화다. 예를 들어, 유럽에서 강도 높은 환경정책을 시행할 경우, 유럽 내 기업은 그동안 지출하지 않았던 새로운 비용을 감당해야 한다. 그런데 이는 자연스럽게 제품 가격 상승과 유럽시장에서의 경쟁력 악화로 이어질 수 있다. 다시 말해 아무리 탄소배출을 줄여 제품을 생산해도 탄소배출 집약도가 높은 제품이 수입된다면 그 제품의 경쟁력이 떨어질뿐더러 온실가스 감축정책 역시 효과를 발휘하지 못하는 것이다. 따라서 글로벌 차원에서 탄소배출 감축에 대한 규제가 공동으로 이뤄져야 한다.

이런 일들은 환경경제학자들의 오랜 고민이기도 하다. 강력한 국제기구나 세계정부가 없는 상황에서 무분별한 탄소가격정책은 효과를 발휘하지 못할 수 있다. 이에 기후변화를 주제로 노벨경제학상을 받은 윌리엄 노드하우스는 '기후클럽세'를 주장해왔다.[26] 이는 특정 경제구역 내에서 비슷한 수준의 탄소세를 도입하고, 해당 경제구역 이외 지역에서 오는 상품에 대해서는 추가 관세를 부과하는 시스템이다. 기후클럽세는 초창기 비현실적이라는 이야기와 함께 이미 친환경적 산업구조를 가진 유럽 혹은 서구권 국가들에 편향된 정책이라는 비판을 받았다. 그러나 지금은 중국, 인도, 러시아의 더딘 탈탄소 움직임 때문에 오히려 해당 이론이 탄력을 받고 있다. 실제로 2022년 독일 올라프 숄츠Olaf Scholz 총리는 G7을 중심으로 기후클럽을 창설하자고 제안한 바 있다.[27]

유럽연합에서는 탄소누출을 막기 위한 정책을 일찍이 행동으로 보여주었다. 2005년에 시작된 유럽배출권거래제EU-ETS는 철강, 발전, 시멘트 같은 다배출 산업을 규제했으며, 성공적으로 유럽연합의 감축목표를 달성했다는 평가를 받고 있다. 이를 달리 말하면 유럽 기업들은 온실가스 감축을 위한 투자비용 또는 규제비용을 감내하면서 저탄소 경제로 전환하고 있다는 의미다. 그러나 앞서 예로 들었듯 유럽연합 내의 기업만 탄소비용을 지불하는 것은 경쟁력 측면에서 불리한 면이 있다. 따라서 유럽연합은 탄소집약도가 높은 해외 제품을 규제하는 방법을 고민했고 2022년 유럽연합 집행위원회는 구체적인 정책으로 '탄소국경조정매커니즘Carbon Border Adjustment Mechanism, CBAM'을 발표했다.[28]

2021년 7월 유럽연합 집행위원회에서 발표한 탄소국경조정매커니즘에 따르면, 유럽 내에서 판매되는 제품은 온실가스에 대한 비용을 지불해야 한다. 구체적으로 해외 제품을 수입하는 업체는 유럽연합에서 정한 탄소가격 규칙에 따라 제품이 유럽연합에서 생산되었다면 지불했어야 하는 비용을 CBAM 인증서를 구매함으로써 지불해야 한다. 그러나 만약 해외 생산업체가 생산 과정에서 탄소배출에 대한 비용을 탄소세나 배출권거래제를 통해 지불했다면 수입업체는 탄소가격 비용을 공제(면제)받을 수 있다. 초기 CBAM의 규제 대상은 철강, 시멘트, 알루미늄, 비료였는데, 유럽 의회에서 추가로 유기화학물질, 수소, 플라스틱 제품도 규제할 예정이다.

CBAM 계획안이 발표된 직후 글로벌 차원에서는 큰 반향이 일었다. 미국에서는 민주당을 중심으로 유럽처럼 탄소국경세를 도입해야 한다는 주장이 탄력을 받았으며,[29] 한국은 이미 국내 배출권거래제로 비용을 지불하고 있는 제품에 중복 비용이 부과되지 않도록 유럽연합과 협상하고 있다. 주의해야 할 것은 유럽에 비해 배출권을 많이 받는 한국의 제품이 과하게 공제받는 것도 CBAM 의도에 맞지 않을 수 있다는 점이다. 사실 이런 탄소관세는 중국을 겨냥한 정책이라는 견해가 많다.[30] 상대적으로 산업화를 늦게 시작한 중국 경제는 유럽과 미국에 비해 높은 탄소집약도를 보이고 있다. 반면 제품 대부분은 유럽에 비해 낮은 탄소비용을 지불하고 있다. 온실가스 배출이 가장 많은 철강산업을 살펴보면, 중국은 2020년 기준으로 약 10억 6000만 톤의 철강을 생산하면서 전 세계 공급량의 약 57%를 차지하고 있다.

앞으로 세계경제는 블록화될 가능성이 높다. 무역으로 경제를 지탱하고 있는 한국 입장에서 탄소국경세는 산업 전반에 큰 영향을 줄 중요한 요소가 될 것이다. 치열한 무역 경쟁에서 살아남기 위해 온실가스 감축이 선택이 아닌 필수가 되었다는 뜻이기도 하다.

3장

기후와 금융

기후변화는 자산을 파괴함으로써 그 가치를 떨어뜨린다. 아울러 온실가스 비용이라는 기존에 없던 규제비용을 만들어내 재무 리스크를 발생시킨다. 기후와 금융은 이제 점점 밀접한 관계가 되어가고 있다.

이번 장에서는 이른바 '기후금융'에 대해 이야기하려 한다. 기후금융이란 무얼 말하는 걸까? 기후변화에 대응하는 분야로 자본이 흘러갈 수 있도록 하는 모든 장치를 의미한다. 이를테면 기후변화 대응에 필요한 자금을 빌려주는 대출기관, 기후변화 리스크를 측정하는 평기기관, 온실가스 저감 기술을 보유한 스타트업을 지원하는 투자기관이 그것이다. 자본주의 사회에서 '자본Capital'은 사회를 움직이는 가장 큰 동력이 되기 때문에 기후금융, 곧 '녹색금융'을 이해하는 것은 무척 중요하다.

최근 여러 투자자와 금융기관은 기후변화가 야기한 환경적·금융적 위험을 인식하기 시작했다. 이에 따라 기후금융에 대한 수요도 빠르게 증가하고 있다. 이에 녹색채권, 지속가능한 자금, 임팩트 투자 같은 기후 솔루션으로 자본이 흘러가도록 하는 새로운 금융상품과 시장이 개발되었다. 그러나 기후금융의 급속한 성장에도 저탄소 경제로 나아가는 일은 여전히 중대한 도전에 직면해 있다. 기후금융에 대한 오늘의 투자 수준은 기후위기를 해결하기에는 여전히 불충분하다. 이를 위해서는 먼저 정책 확실성, 규제 프레임워크, 녹색금융상품 및 서비스 부족 같은 문제를 해결해야 한다.

위기를 아는 것이
지속가능한 사회의 첫걸음이다

  기후변화를 늦추거나 막으려면 얼마나 많은 돈이 필요할
까? 지금의 에너지 생산방식이나 생산공정, 소비패턴을 모두
바꾸려면 분명 많은 투자가 필요할 것이다. 앞에서 다룬 전환
비용, 곧 기후변화 책임에 대한 비용은 이런 투자까지 포함한
다. 아울러 지금까지 화석연료에 투입되었던 자금을 회수하
고 더이상의 투자를 중단해야 한다.

  단순하게 생각하면 해결 방식은 간단하다. 기후변화를 일
으키는 데 사용되는 돈줄을 끊고, 기후변화를 막는 데 도움
이 되는 기술에 투자하면 된다. 그러나 그 일이 말처럼 쉽지
않다. 언제나 기준이 문제다. 기후변화에 도움이 되는 기술이

있다면 얼마나 도움이 되는지, 기후변화에 안 좋은 영향을 끼치는 현상이 있다면 얼마나 안 좋은 영향을 끼치는지 그 기준을 제시할 수 있어야 한다.

금융시장은 다른 시장에 비해 인간의 본능을 효율적으로 담아내고 있다(여기서 말하는 '효율'은 속도다. 투명하다는 의미가 아니다). 따라서 기후 리스크가 금융시장에 제대로 반영된다면 2021년 기준으로 약 200조 달러로 추정되는 자본시장은 기후변화를 막는 방향으로 갈 것이다. 그러나 지속적으로 지적한 문제인 기후변화의 공공재적 성격은 금융시장이 효율적으로 작동하지 않도록 만들 수 있다. 누군가 나서서 기후 리스크를 금융 리스크로 환산하는 과정이 필요한 이유다.

다시 질문으로 돌아와서 기후변화에 필요한 막대한 돈은 어떻게 조달할까? 방법은 금융시스템 자체에서 찾을 수 있다. 누군가에게 돈을 빌려주면 우리는 '이자'라는 것을 받는다. 사실 이 '이자'는 '돈을 잃을 가능성'에 대한 위험수당이다. 예를 들어, A가 투자금을 잃을 확률이 10% 정도 되는 사업에 투자하겠다고 1억 원을 K에게 빌렸고, B는 부도 가능성이 50%인 사업에 투자하겠다고 역시 1억 원을 K에게 빌렸다. 돈을 빌려주는 K(투자자) 입장에서는 B에게 빌려준 돈에 대해 더 많은 대가를 요구할 수 있다. 우리는 이것을 일반적으로 '리스크

프리미엄'이라고 부른다. 금융시장이 효율적으로 작동한다면 시장은 기후 리스크를 피해가려 하지 않을까?

기후 리스크 프리미엄이 명확해지면 기후변화를 야기하는 석탄, 철강과 같은 산업에 들어가는 자금의 흐름이 끊길 뿐 아니라 저탄소, 지속가능성을 우선시하는 투자 유인을 창출할 수 있다. 투자자와 금융기관은 상대적으로 온실가스 배출이 적은 친환경 산업에 투자하려는 경향이 더 커질 것이므로 궁극적으로 화석연료 사회에서 청정에너지 사회로 조금씩 전환될 것이다.

기후변화에 대처하기 위해서는 지금의 에너지 생산방법, 생산공정, 소비패턴을 바꾸는 데 상당한 규모의 투자가 필요하다. 앞서 언급한 200조 달러로 추산되는 금융시스템은 기후변화를 막을 잠재력을 충분히 가지고 있다. 우리에게 필요한 것은 기후변화로 발생할 손실 가능성을 리스크 프리미엄으로 계산함으로써 기후변화를 유발하는 산업으로 자본이 흘러가지 못하도록 차단하고, 저탄소 기술에 투자하는 일에 인센티브를 부여하는 것이다.

기업의 책임을 투명하게 공개하자

남몰래 쓰레기나 담배꽁초를 버리는 것 같은 비양심적 행동을 사람들은 가끔 저지른다. 때로는 자기 행동이 나쁜 행동인지 인식하지 못해 다른 사람에게 피해를 주기도 한다. 그런데 만약 누군가 이런 행위를 하나하나 잡아낸다면 어떨까?

기후변화에 대응해야 한다는 시대적 요구는 기업에게 경제적 부담으로 작용한다. 그리고 이제는 그 부담과 부담을 이기지 못해 저지르는 행위가 투명하게 공개되는 시대가 되었다. 그렇다면 기후변화에 대응하기 위해 기업이 부담해야 할 비용과 그들이 일으키는 피해는 어떤 기준으로 공개되는 걸까? 기후변화라는 불확실성을 기업은 어떻게 리스크로 인식하는 걸까?

이런 고민에서 시작해 기후변화를 하나의 재무 리스크로 판단한 프레임워크가 있다. 세계 경제위기와 금융위기를 사전에 방지하고자 조직된 '금융안정위원회Financial Stability Board'다. 금융안정위원회는 기후변화가 정말 위기가 될 수 있을지 고민했던 것 같다. 그래서 가장 먼저 시작한 일이 기업들이 기후 리스크에 얼마나 노출되어 있는지 확인하는 것이었다. 이를 위해 금융안정위원회가 2017년 설립한 조직이 바로 '기후변화에 관한 재무정보 공개협의체Task Force on Climate-Related Financial Disclosure, TCFD'다.[31]

만약 각국의 온실가스 규제가 강화되어 재무비용이 증가한다면, 또는 내가 최근 설립한 생산시설이 해수면 상승으로 물에 잠길 위험에 처한다면 이 위기에서 국가나 기업은 투자금을 얼마나 회수할 수 있을까? 기후변화가 야기할 기업의 구체적이고 명확한 리스크를 파악하는 것이 바로 TCFD의 핵심이자 목적이라고 할 수 있다. TCFD는 2019년 기업이 기후 리스크를 투명하게 공개하도록 가이드라인을 발표했다. 2019년 발표 당시 많은 기업 관계자는 TCFD의 보고서가 하나의 중요한 트렌드가 될 것이라고 판단하지 못했다. 그저 뻔한 보고서 가운데 하나라고 생각했을 것이다. 그렇게 생각할

만했다. 그전에도 환경이나 지속가능성, 기후변화와 관련된 공시 보고서들이 존재했기 때문이다. 대표적으로 'GRIGlobal Reporting Initiative'와 '지속가능보고서Sustainable Report' 등인데, 지금까지도 주요 기업들은 매년 감사보고서와 함께 기업의 환경적 활동이나 사회공헌 등의 내용을 담은 보고서를 공시한다. 그러나 의무사항은 아니고, 글로벌 기업들이 하나의 중요한 마케팅 수단으로 활용할 뿐이었다. 단순히 우리 기업이 폐기물을 얼마나 배출했고, 에너지를 어느 정도 사용했고, 임원진들이 사회봉사활동을 몇 시간을 했는지 기록하는 식이었다. 그러나 TCFD 프레임과 공개 기준은 지속가능보고서와는 차별점이 있었다.

우선 TCFD는 정량적 측정을 강조한다. 지금까지 기업의 환경 이슈는 정성적, 철학적, 윤리적 내용에 가까웠다. 구체적 행동보다는 어떤 환경적 가치를 중요하게 생각하는지 밝히는 데 가까웠다. 물론 이런 고민도 중요하다. 그렇지만 생태적 파괴가 재무 리스크로 어떻게 다가오며 사회적으로 미칠 영향은 어떨지에 대한 구체적 숫자가 부재했다. TCFD는 이런 부분을 공개하는 것이다. 지구 평균기온이 2도 상승했을 때 특정 기업이 추가로 지불하게 되는 비용, 탄소세나 배출권거래제로 부담해야 하는 비용, 지금까지 기업이 사용하고 있는 에너지비용 등이 공개 대상이다.

TCFD에 따르면, 기후 리스크는 기후변화 때문에 발생하는 재무제표나 투자 관점에서 확인할 수 있는 '재무 리스크Financial Risk'를 의미한다. 기후 리스크는 크게 '물리적 리스크Physical Risk'와 '전환 리스크Transition Risk'로 나뉘는데, 물리적 리스크는 직접적 피해를 뜻하며 근래 잦아진 이상 기후나 자연재해가 이에 해당한다. 예를 들어, 기업 비즈니스 관점에서는 사업장이 물리적으로 손상되거나 폭염, 폭설로 노동력이 감소하는 현상, 해수면 상승이나 산불로 부동산 자산가치가 몰락하는 경우다.

물리적 리스크는 또 '만성적Chronic 물리적 리스크'와 '극심한Acute 물리적 리스크'로 분류할 수 있다. 만성적 물리적 리스크는 기온, 기후, 해수면, 생태계의 변화처럼 장기간에 걸쳐 점진적으로 나타나는 재해를 뜻하며, 극심한 물리적 리스크는 태풍, 홍수, 가뭄처럼 단기성이지만 막대한 피해를 주는 재해를 말한다.

전환 리스크는 기후변화 완화를 위한 저탄소 경제로 전환하는 과정에서 발생하는 기술Technology, 시장Market, 평판Reputation, 정책과 법률Policy and Legal적 리스크다. 곧 전환 리스크는 기존 경제시스템이 온실가스를 감축하는 체계로 전환하는 과정에서 나오는 것이다. 기업이 투자한 저탄소 기술이 상용화되지 못하거나 시대적으로 필요한 저탄소 기술 개발에 실패할 때 발생하는 기술적 리스크다. 친환경적 소비패턴으로 야기되는 리스크는 기후문제에 대한 소비자들의 인식이 변화하면서 온실가스를 다량으로 배출하는 상품을 적게 구매하는 데에서 비롯된다. 온실가스를 다량으로 배출하는 기업에 대한 비판은 기업 평판에 부정적 영향을 줄 수 있다. 정부는 탄소세나 배출권거래제 같은 온실가스 규제정책으로 기업들에 추가적인 재무부담을 요구할 수 있다.

전환 리스크가 중요한 것은 정량적 분석이 가능할 뿐 아니라 물리적 리스크에 비해 상대적으로 빠른 시일 내에 발생할 가능성이 높아서다. 한국 정부가 선언한 '2050 탄소중립 시나리오'와 최근 상향된 2030년 국가온실가스감축목표로 2022년부터 온실가스 관련 시장과 정책 규제에 변화가 있었다. 직접적으로는 배출권거래제 강화에 따른 규제비용이 기업에게 큰 재무적 부담이 될 수 있는데, 이런 것이 바로 전환 리스크라고 할 수 있다.

TCFD에 따르면 기후 리스크는 단순히 손익계산서에 나타나는 매출이나 비용만이 아니라 기업 대차대조표의 자산Asset, 부채Liabilities, 자본Capital에도 큰 영향을 미칠 수 있다. 기후변화가 심각해지면서 화석연료에 기반한 생산시설이나 발전시설은 계획된 기간보다 이른 시일에 폐쇄되어 좌초자산으로 분류될 가능성이 있다. 또 기업 산업 포트폴리오의 온실가스 집약도가 높을 경우, 채권시장이나 은행권에서 미래에 규제비용이 발생할 것으로 예측해 높은 리스크 프리미엄을 부채 이자에 부과할 수 있고, 자본시장의 투자 또한 온실가스 비중에 따라 조달비용 자체가 상승할 수 있다.

TCFD는 또 매출이나 비용만이 아니라 크게 네 가지 항목으로 공개 프레임을 제시한다.

1. 거버넌스Governance

기업은 어느 조직과 위원회가 기후 리스크를 인식하고 있는지, 어느 주체가 이를 관리하는지 공개해야 한다. 예를 들어, 기후변화 관련 이사회가 있는지, 기후 리스크가 발생할 경우 어느 선까지 보고되고 관리되는지 명시해야 한다. 다시 말해, 기업에서 누가 기후변화 이슈에 책임을 지는지 공개해야 하는 것이다.

2. 전략Strategy

기업은 기후 리스크를 실제로 어떻게 파악하고 있으며, 이에 대한 대비 전략은 무엇인지 공개해야 한다. 예를 들어, 한국의 배출권거래제가 강화될 경우 기업은 배출권 구매 비용을 낮추기 위해 온실가스를 중단기적으로 어느 정도 줄일 것인지 명시할 수 있다.

3. 리스크 관리 Risk Management

기업은 어떤 방법을 활용해 기후 리스크를 파악했고, 이를 어떻게 최소화할 것인지에 대한 관리 방법을 공개해야 한다. 기후변화 시나리오를 예측한 뒤 리스크를 어떤 경로로 줄일 것인지에 대한 고민을 밝히는 것이다.

4. 목표 Metrics and Target

기업은 정량적 기후변화로 인한 리스크와 이후의 목표를 공개해야 한다. 앞으로 전력 사용량이나 온실가스 배출을 얼마나 줄일 것인지 구체적인 숫자로 보고해야 한다.

TCFD는 기후변화로 발생할 재무 리스크를 공개하는 방법과 개념에 대한 틀을 제공한다. 2017년에 최종 권고안과 가이드라인을 배포했다. 기업이 가지고 있는 기후 리스크를 투명하게 공개하는 것이 자본의 흐름을 바꿀 수 있는 첫 단추다. 오늘날 글로벌 금융 사회는 기후 리스크에 대한 정의를 이미 내린 상태다. 이제는 온실가스에 중독된 한국 기업들이 당당하게 기후 리스크를 공개할 수 있을지 물어야 할 시기다. 리스크를 관리하는 가장 중요한 첫 단계는 바로 리스크를 파악하는 것이다.

TCFD가 중요한 이유는 그 자체로 하나의 보고서가 될 수도 있지만, 한편으로 각국 정부의 정보공개 규칙의 기준으로 사용될 수 있어서다. 2021년 '유럽집행위원회European Commission, EC'는 기업의 지속가능 정보공시지침을 입안하면서 'ESGEnvironmental, Social and Governance'(환경, 사회, 지배구조) 공시기준을 공개했다.[32] 이는 기후변화를 뛰어넘어 ESG, 곧 사회적·환경적 영향에 대한 투명하고 포괄적인 정보공시를 요구하는 기준이 될 것이다. 유럽 내에서 종업원 250명, 매출액 4000만 유로. 자산 총액 2000만 유로 이상의 기업은 2024년부터 의무적으로 관련 정보를 공개해야 한다.

미국 또한 2022년 3월, 기후 리스크 및 그 영향에 대한 상장기업의 공시를 확대하는 규칙을 발표했다. 미국 증권거래위원회SEC는 재무제표에 기후 관련 재무데이터 검증을 강력하게 요구하고 있다. 가장 특징적인 것은 'Scope3'의 추가 여부인데 이는 '기후변화는 경계를 가리지 않는다'에서 자세히 설명하겠다. 중요한 점은 미국에 상장된 기업은 TCFD 프레임에 맞춰 기후변화로 인한 예상 가능한 비용과 리스크를 공개해야 한다는 것이다.

TCFD 프레임워크는 기업 입장에서 기후 리스크 관리와 미래 전략을 통합하는 데 도움이 될 수 있다. 기업은 기후 리스크를 사전에 식별함으로써 저탄소 기술에 투자할 수 있는데, 그 결과 기후변화의 영향에 적응하고 재정적 위험을 줄일 수 있다.

TCFD는 또한 저탄소 솔루션을 향한 혁신과 투자를 촉진한다. 기후 리스크를 공개하고 온실가스 감축에 대한 의지를 보여주는 기업은 환경을 생각하는 투자자들로부터 자금을 유치할 수 있다. 한국을 비롯한 국제회계기준이 TCFD를 채택한 것도 경제적으로 무척 의미가 크다. 각국이 정보공개 규칙에 대한 표준으로 TCFD를 채택하면 기후 리스크 보고의 투명성과 일관성이 더 높아질 것이다. 전 세계적으로 TCFD 채택을 추진한다면 금융시스템은 기업이 기후 리스크와 전략을 일관되게 보고할 수 있는 공평한 경쟁의 장을 만들어 투자자가 기후변화의 재무적 영향을 더 효과적으로 평가할 수 있도록 만들 것이며, 궁극적으로 지속가능하고 탄력적인 세계경제로 전환을 이끌어낼 것이다.

자본의 흐름이 바뀌고 있다

지금까지 기후변화의 책임에 대해 이야기했다면, 여기서는 기후변화와 관련된 투자에 대해 살펴보겠다. 근래 미디어에서 ESG 투자, 녹색채권, 기후금융 같은 이야기를 많이 접할 수 있다. 이런 일련의 '녹색금융'에 대한 정의는 무척 다양하다. 혹자는 유엔의 '지속가능한 발전Sustainable Development Goals'을 달성하는 프로젝트 또는 지속가능한 발전을 촉진하는 투자라고 정의하기도 하고, ESG를 감안한 지속가능한 금융의 한 분야로 기후변화와 환경에 특화된 금융이라고 이야기하기도 한다. 여기서는 구체적 개념을 설명하기보다 왜 녹색금융이 필요한지, 글로벌 금융의 현황은 어떤지 살펴보고자 한다.

녹색금융은 왜 필요할까? 아니, 기후변화에 대응하는데 왜 자본이 중요한 걸까? 간단히 설명하면 지금까지 우리가 쌓아 올린 화석연료에 기반한 경제시스템을 대체하는 새로운 무언가를 만들기 위해서는 또다른 돈이 필요해서다. '국제에너지기구International Energy Agency, IEA'는 2016년부터 2050년까지 에너지 전환을 위해 매년 약 3조 5000억 달러(약 5000조 원)를 투자해야 한다고 추정한다.[33] 여기서 에너지 전환은 재생에너지에 대한 투자, 전력망 구축, 산업구조의 변화 등을 총망라한다. 또 '지구환경금융Global Environment Facility, GEF'은 전 세계적 환경보호를 위해서는 연간 6000억 달러가, 재생에너지와 에너지효율을 높이기 위해서는 연간 3000억 달러가 필요하다고 주장한다.

이처럼 온실가스를 줄이고 탈탄소 기반의 경제를 구축하려면 많은 비용이 필요하다. 이 모든 돈을 정부 지출로만 감당할 수 있을까? 기후변화 대응에 필요한 돈은 공적자금만으로 충당하기에는 너무나 거대한 비용이기 때문에 민간자본의 도움이 반드시 필요하다. 민간자본의 힘을 빌리기 위해 정부나 금융감독기관은 금리 인하와 같은 정책 인센티브를 제공하고, 민간자본은 기후변화와 환경문제를 해결하기 위해 노력하는 모습을 보임으로써 이미지를 개선하고 투자자를 끌어

모으는 상생의 협력이 이뤄져야 한다.

그렇다면 어떤 투자가 친환경적이며 기후변화에 대응하는 것일까? 투자자가 친환경적 투자라고 주장해도 아무도 인정해주지 않는다면 소용이 없을 것이다. 바로 이런 맥락에서 나온 개념이 '녹색금융분류체계Taxonomy'다. 곧 금융상품이나 투자가 녹색금융으로 분류되는지 파악해 통화정책·금융정책(이자율 조정을 통한 관리)에 반영하는 것이 바로 녹색금융분류체계다.[34]

최초의 녹색금융분류체계는 유럽연합에서 수립했다. 유럽연합은 2020년부터 개발을 위한 보고서와 심사 기준을 발표하고 약 2년간의 논의 과정을 거쳐 2022년 6월 최종 분류체계를 발표했다. 이때 논란이 되었던 것은 과연 원자력이 친환경적인지 여부였다. 원자력이 온실가스를 줄일 수 있는 에너지원인 것은 맞지만 폐기물 처리와 사고 위험성 때문에 친환경적 에너지원으로 보기는 어려운 면이 있다.

유럽연합의 녹색금융분류체계를 자세히 살펴보면 첫째, 온실가스 감축, 기후변화 적응, 수자원과 해양자원 보호와 지속가능한 이용, 순환경제와 폐기물 감축과 재활용, 오염 방지와 통제, 건강한 생태계 보호 같은 6개 환경 목표를 설정해야 한다. 곧 기후변화 이슈를 넘어 기후변화 적응이나 수자원,

해양자원에 투자되는 자본 또한 녹색금융으로 바라본다는 의미다.

둘째, 지속가능한 경제활동이 되려면 첫째 항의 6개 목표 중 하나 이상의 목표를 달성하는 데 실질적으로 기여해야 한다. 곧 실제 목표를 가지고 기업 활동을 해야 한다. 투자를 위한 마케팅의 의미로 자금을 모집하는 게 아니라 지속적으로 환경을 위한 목표를 달성하기 위해 애써야 한다는 뜻이다.

셋째, 국제노동기구International Labour Organization, ILO 기본 노동협약 같은 최소한의 사회적 안전장치를 준수해 온실가스 감축과 기후변화 적응에 기여해야 한다. 유럽연합은 단순히 기후변화 대응을 넘어 친환경, ESG 차원의 대응을 녹색금융으로 정의하고 있다. 아무리 녹색금융의 목적이 기후변화 대응이나 환경에 있다고 해도 최소한의 인권, 사회적 가치를 경시해서는 안 된다는 뜻이다.

여러 국가가 녹색금융을 진지하게 바라보고 있다. 일본은 개발도상국의 녹색금융 지원에 적극적 모습을 보이고 있다. "Action for Cool Earth"라는 선언에 따라 기후변화 대응을 위한 공적자금 약 1조 엔 이상을 투입했으며, 환경보호와 지속가능한 성장을 위한 인프라 투자를 촉진할 수 있는 전감기관을 출범시켜 재생에너지, 에너지 절약, 녹색 교통 등을 총

괄하고 있다.[35] 또 일본은 전 세계적 기후변화 적응 문제에서도 앞선 행보를 보이고 있다. 2013년에는 '태평양 재난 위험 평가와 자금조달 이니셔티브Pacific Catastrophe Risk Assessment and Financing Initiative'를 발족했으며, 2018년에는 '동남아 재난위험 보험기구Southeast Asia Disaster Risk Insurance Facility'를 설립하는 등 투자에 무척 공격적이다. 이뿐 아니라 '공동온실가스감축체계Joint Crediting Mechanism, JCM'을 통해 2030년까지 약 900만 톤의 온실가스를 감축하겠다고 선언하기도 했다. 곧 일본의 녹색금융은 개발도상국의 기후변화 적응 지원과 인프라 투자에 초점이 맞춰져 있다는 것을 알 수 있다.

중국도 2015년부터 중국인민은행 산하 녹색금융위원회를 발족해 2016년 녹색금융시스템 구축 가이드라인과 상장기업 정보공개 가이드라인을 제시했다.[36]

정부 차원을 넘어 글로벌 보험금융들 역시 앞선 행보를 보이고 있다. 네덜란드의 ING는 글로벌 금융기관 중 최초로 6000억 유로의 대출 포트폴리오를 만들어 파리기후변화협약의 2도 시나리오 목표 달성을 위한 과학 기반 시나리오에 따라 관리하고 있다.[37] 아울러 지구 평균기온 상승을 2도 혹은 1.5도 이내로 제한해야 한다는 필요성을 내세우면서 금융의 역할을 강조하고 있다. 프랑스 보험회사인 AXA그룹은 '국가

별 자발적감축목표Intended Nationally Determined Contributions, INDC[*],
부문이나 기업의 감축목표, 녹색기술평가 특허 보유 여부[38]
를 모델링으로 도출하기도 했다. 또 2도 시나리오 목표 달성
에 필요한 배출량을 근거로 채권과 주식 발행기업에 대한 투
자를 재평가하고 있다. 독일의 뮤닉 리Munich Re는 2050년까
지 투자 포트폴리오의 탄소중립을 목표로 하고 있다. 2015년
부터 석탄 채굴기업에 대한 투자 중단을 시작으로 석탄산업
비중을 2022년까지 25퍼센트, 2040년까지 모두 감축하는 것
을 계획하고 있다.[39] 영국 글로벌 투자은행인 버클레이Barclays
는 자체 녹색금융의회를 운영하면서 재무적 기후 리스크를
투자 리스크 관리 프로세스에 통합했다.[40] 스위스의 대표 자
산운용사인 UBS는 파리기후변화협약을 준수할 수 있는 다
양한 금융상품을 개발하고 있으며, 이미 100퍼센트 지속가능
한 투자 포트폴리오를 공개한 바 있다.[41] 영국을 대표하는 또
다른 투자은행인 HSBC의 최고경영진은 기후 리스크를 파악
하고 관리해 온실가스 농도별 시나리오에 따른 자산 영향을
투자에 반영하겠다고 밝혔다.[42] 미국의 CITI그룹은 'UNEP FI
Banking Pilot' 프로그램에 적극 참여할 뿐 아니라 5년 만기
이내인 여신 포트폴리오에 중장기적 기후 리스크를 반영할
것이라고 언급했다.

채권시장에서도 녹색 바람이 불고 있다. '국제자본시장협회International Capital Market Association'와 '기후채권 이니셔티브Climate Bond Initiative'는 녹색채권과 기후채권에 대한 기준을 제시한다. 한국 환경부의 녹색채권 가이드라인 또한 이 두 곳을 기준 삼아 만들었다. 자산규모가 9조 달러인 블랙락BlackRock은 2050년 포트폴리오에서 온실가스 배출을 제로로 만들겠다는 목표를 발표했으며, 투자 전략에서 지속가능성을 핵심 가치로 내세우면서 온실가스 감축을 주요 투자 포트폴리오의 지표로 삼고 있다.

투자에서 무척 중요해진 이른바 녹색채권은 환경 친화적인 프로젝트와 이니셔티브에 자금을 조달하기 위해 특별히 고안된 고정 수입상품이다. 이들은 구조나 지급 면에서 전통 채권과 유사하지만 녹색채권의 수익금은 환경에 긍정적 영향을 미치는 프로젝트에만 사용된다. 최근 몇 년간 세계 녹색 채권시장이 빠르게 성장하면서 상당한 견인력을 얻고 있다. 2022년 글로벌 녹색채권 발행규모는 2019년 1650억 달러에서 2500억 달러로 성장하며 사상 최대치를 기록했다.[43] 이런 성장은 환경문제에 책임을 느끼는 투자자의 수요 증가와 기후변화로 인한 금융 리스크에 대한 인식이 증가하면서 나온 결과다. 국내 녹색채권시장은 아직 초기 단계지만 빠르게 성장하고 있다. 한국 정부는 기후 문제를 해결하는 데 있어 지속가능한 금융의 중요성을 인식하고 녹색채권시장의 발전을 장려하고 있다. 2020년, 한국 정부는 30억 달러 이상을 모금한 최초의 녹색채권을 발행하기도 했다.

세계 각국 정부와 금융기관의 행보를 보면 기후 리스크는 이미 투자에 큰 영향을 미치고 있다는 것을 알 수 있다. 그 이유는 다음과 같다. 첫째, 기후 리스크는 시간이 지날수록 분명해지고 있다. 따라서 리스크를 사전에 투자 포트폴리오에 반영하는 방안이 필요해졌다. 둘째, 기후변화를 막기 위해서는 막대한 민간자본의 동원이 필요한데, 이들을 움직이려면 정량적이고 설득 가능한 기준이 있어야 한다. 따라서 녹색금융은 단순히 좋은 곳에 투자한다는 정도의 의미가 아니라 앞으로 자본시장이 나아가야 할 나침반 같은 역할을 하고 있다.

지금은 자본시장이 기후변화와 관련된 흐름으로 흘러가고 있지 않지만 한 가지 분명한 것은 정부와 주요 글로벌 금융사들이 기후 리스크를 인식하고 있고, 앞으로 글로벌 자본이 전환비용으로 원활하게 쓰일 수 있도록 정책적으로 준비하고 있다는 것이다. 한국도 2023년부터 녹색금융분류체계를 기준 삼아 친환경 자본을 판가름할 예정이다. 장기적으로 어떤 투자가 녹색금융으로 분류되는지에 따라 한국 자본시장의 흐름과 리스크 프리미엄이 결정될 수 있다. 만약 한국의 금융상품과 투자종목들이 이런 흐름에서 벗어난다면 글로벌 자본은 한국에서 철수할 가능성이 높다. 따라서 지금부터라도 녹색금융에 대한 이해를 높이고 리스크를 관리해나가는 것이 중요하다.

기후변화는 경계를 가리지 않는다

기후변화 뉴스를 접하다 보면 생소한 개념이 등장한다. 바로 온실가스 종류인 Scope 1, 2, 3이다. 크게는 간접배출, 직접배출로 나뉘는 온실가스 배출량을 다른 방식으로 표현한 것인데, 이처럼 온실가스 배출을 구분하는 것은 책임에 대한 논쟁이 있어서다.

온실가스를 줄여야 하는 이유를 조금 다른 관점에서 살펴보자. 기업의 온실가스 배출량을 산출할 때 우리는 어떤 방식으로 계산할까? 다음 사례를 보면 이해하기 쉽다. 플라스틱 로봇 장난감을 만드는 A사는 플라스틱을 자체 생산하는 기업으로, 원유를 이용해 플라스틱을 만드는 과정에서 온실가스를 배출하며, 플라스틱을 녹일 때도 많은 양의 전력과 열에너지를 사용한다. 여기서 플라스틱을 자체 생산하는 과정에서 온실가스를 배출하는 것을 '직접배출Direct Emission'이라 부르고, 플라스틱을 녹일 때 사용하는 에너지, 곧 누군가 만든 전력과 열에너지를 사용함으로써 온실가스 배출에 기여하는 것을 '간접배출Indirect Emission'이라 일컫는다. 전력을 구매해 사용하는 기업 입장에서는 다소 억울할 수 있겠지만, 어쨌든 내가 만든 게 아닐지라도 사용하기 때문에 책임을 져야 한다. 엄밀히 말하면 전기나 열 같은 에너지는 공공성을 가지고 있어서 국가가 앞장서 투자 혹은 설비제작에 직간접적으로 개입했기 때문에 이를 사용하는 기업 역시 이에 대한 혜택을 받았다고 볼 수 있다.

여기서 유의해야 할 점은 바로 전력의 특징이다. 전력은 큰 '망' 안에서 짧은 시간 존재한다. 생산되자마자 바로 소비해야 하는 특별한 재화다. 따라서 석탄발전소, 가스발전소, 태양광발전소, 원자력발전소에서 동시다발적으로 생산하는 전력은 짧은 시간 안에 어디론가 이동한다. 이런 특징 때문에 전력은 국가마다, 시간 단위마다 발전 출원의 비율이 달라진다. 이를테면, 태양광 80%, 석탄 20% 비율로 생산하는 전력과 석탄 80%, 태양광 20% 비율로 생산하는 전력의 간접배출량은 다를 것이다. 이를 '전력 배출계수'라고 부르는데, 국가마다 고유의 값을 가지고 있다.

유럽연합은 에너지 생산기업이 대부분 민간기업이어서 에너지 기업에게 기후변화 책임을 물으면 시장 메커니즘에 따라 에너지 발전 비중이 빠르게 저탄소 발전원으로 바뀔 수 있다. 이때 국가는 상대적으로 에너지에서 발생하는 온실가스 책임으로부터 자유롭다. 그런데 한국, 일본, 중국은 공기업이 에너지를 생산한다. 이 국가들의 특징은 민간기업이 원활하게 전력을 공급받을 수 있도록 국가가 나서서 에너지 전략을 수립했다는 점이다. 따라서 에너지로 인한 온실가스 배출의 책임을 1차적으로 국가가 져야 한다. 그렇지만 그동안 이를 수월하게 사용해온 기업들의 책임도 무시할 수는 없다. 또 탄소세나 배출권거래제로 에너지 기업들을 규제하면 이들의 재정 손실로 국가 재정이 악화되는 아이러니한 상황이 발생할 수 있다. 이런 인식의 차이는 자연스럽게 배출권거래제에서 확인할 수 있다. 유럽배출권거래제EU-ETS는 직접배출만 온실가스로 규제하는 반면 한국, 일본, 중국은 간접배출도 온실가스로 인식해 전력을 많이 사용하는 기업을 탄소세와 배출권거래제로 규제하고 있다.

당연한 이야기지만 한국의 배출계수는 온실가스를 배출

하지 않는 재생에너지 발전 비중이 낮기 때문에 유럽, 미국보다 높다. 똑같은 기업이 같은 양의 전력을 사용하더라도 지역에 따라 더 많은 간접배출을 하게 된다는 뜻이다. 실제로 애플은 자사 공급사들에게 재생에너지 100% 사용을 요구하고 있는데, 이는 간접배출로 인한 온실가스 배출마저 제로로 만들겠다는 뜻이다.

간접배출 중에는 한 걸음 더 나아간 것도 있다. 최근 이슈가 되고 있는 'Scope3'다. 앞서 언급한 직접배출이 'Scope1'이고, 간접배출이 'Scope2'였다면, Scope3는 에너지 사용 이외에 간접적으로 기여한 온실가스의 총량이다. 한 철강기업을 예로 들어보겠다. 국가 단위에서 온실가스를 규제할 때 보통 에너지 사용(간접배출)과 철강 제조과정에서 나오는 온실가스(직접배출)만 규제한다. 그런데 사실 철강기업이 구매하는 석탄을 채굴할 때도 막대한 양의 온실가스가 발생한다. 또 석탄을 운반할 때 사용하는 수송수단의 연료에서도 마찬가지다. 이런 간접배출까지 모두 포함하는 것이 바로 Scope3다. 곧 간접배출과 직접배출 이외의 분야에서도 책임을 계산한다는 것이다.

Scope3는 금융기관이나 투자자들에게 중요한 개념이다. 기업에 투자하는 행위 자체에서는 온실가스가 배출될 일이

전혀 없다. 자본이 이동하는 데 탄소가 나올 리 없기 때문이다. 그러나 Scope3 개념을 적용하면 투자기업도 기후변화 책임으로부터 자유로울 수 없다. 화석연료를 기반으로 하는 수많은 기업의 자본은 사실 대형 금융기관으로부터 나왔기 때문이다. 따라서 자본의 책임을 정량하게 따지려면 금융기관들의 Scope3 배출을 계산하고 공개하는 것이 마땅하다. 실제로 엑손모빌과 같은 화석연료 기반의 기업들이 비난받을 때 해당 기업에 투자한 J. P. 모건, 씨티그룹 같은 금융투자사들 역시 동시에 비난받은 것도 이런 맥락에서다. 다시 말해 이제는 자본에서도 온실가스 배출에 책임이 있는지 정량적으로 계산할 수 있다는 뜻이다.

그러나 기후변화 책임의 경계에 대한 이런 정의는 많은 논란을 일으킬 수 있다. Scope3의 배출 범위가 너무 넓기 때문이다. 이를테면 직원들이 출퇴근하는 과정에서 배출되는 온실가스까지 고려해야 한다면 무분별한 책임 논쟁이 발생해 본질적인 직접배출Scope1이나 간접배출Scope2에 대한 책임까지 희석될 수 있다.

이 때문에 온실가스 감축경로를 평가하는 기관들이 분명한 가이드라인을 제시하고 있다. 대표적으로 '과학기반감축목표Science-Based Target Initiative, SBTI'와 '국제표준화기구International

Organization for Standardization, ISO'에서 제시하는 넷제로 평가 가이드라인이다. 이 가이드라인은 구체적으로 기업에게 Scope3에 대한 책임이 있다는 것을 명시할 뿐 아니라 어떤 요소들을 Scope3에 포함시켜야 하는지 카테고리들을 제시한다.[44]

간접배출과 관련해서는 개인의 삶이나 일반 상품도 논쟁에서 벗어날 수 없다. 이른바 '탄소발자국Carbon Footprint'이라는 개념인데, 곧 우리가 일상에서 사용하고 이용하는 모든 것들에서 온실가스 배출량을 도출해 낼 수 있다. 기업의 제품들도 '전과정평가Life Cycle Assessment'라는 도구를 통해 생산과 유통, 폐기에 이르기까지 모든 과정에서 온실가스가 얼마나 배출되는지 측정할 수 있다. 이제 우리는 기후변화의 책임으로부터 더이상 벗어날 수 없는 시대를 살아가고 있는 것이다.

Scope3의 개념은 탄소발자국 측정 범위를 기업의 전체 가치사슬에서 간접배출까지 포함하도록 확대하기 때문에 재무 리스크 관리 면에서 중요한 의미를 갖는다. 배출에 대한 이 새로운 관점은 배출이 기업과 포트폴리오의 재무 성과에 미치는 잠재적 영향을 고려해야 하는 금융기관과 투자자에게 도전과 기회를 제공한다.

Scope3에 대한 관심이 높아지면서 저탄소·환경 책임기업에 대한 투자 선호도 역시 변화하고 있다. 투자자들은 배출량이 재무 성과에 미치는 영향을 인식하기 시작했으며, 기업에 더 큰 투명성과 책임을 요구하고 있다. 곧 온실가스 배출이 많은 기업의 유가증권 수요는 감소하고, 신재생에너지, 전기차 제조사 등 저탄소·환경 책임기업에 대한 유가증권 수요는 증가하는 결과를 낳고 있다. 이런 투자 선호도의 변화는 탄소집약적 산업에 투자할 경우 금융 리스크를 떠안을 수 있다는 인식에서 출발한다. 이에 대응해 금융기관과 투자자는 포트폴리오와 탄소배출 강도를 사전에 평가하고 금융 리스크에 대한 노출을 줄이기 위한 조치를 취하고 있다. 여기에는 석탄 및 석유 같은 탄소집약적 산업에서 투자를 철회하고 재생에너지 및 전기차 제조업체 등 환경 책임기업에 투자하는 것 같은 ESG를 투자 결정에 통합하는 것이 포함될 수 있다.

또 Scope3의 개념은 녹색금융시장에 새로운 투자 기회를 제공한다. 저탄소 경제로 전환하는 일은 녹색채권, 지속가능한 펀드 같은 녹색금융상품과 서비스에 대한 수요 증가로 이어질 가능성이 높다. 이는 녹색금융시장을 향한 자본의 흐름을 증가시켜 시장의 유동성과 성장을 이끌어낼 수 있다. 예를 들어, 2020년 녹색채권시장은 2019년보다 44% 증가한 총 2500억 달러 이상을 발행함으로써 기록적인 성장을 보였다. 이런 성장은 저탄소 기업에 투자하려는 투자자들의 수요 증가와 배출과 관련된 재정적 위험을 완화하기 위한 것이었다. 녹색채권시장은 금융기관과 투자자들이 저탄소 기업에 투자할 기회를 제공하는 동시에 배출과 관련된 금융 리스크를 완화한다.

세계가 기후변화의 도전에 직면한 가운데, 금융기관과 투자자들은 이제 금융 리스크 관리에 적극적 입장을 취해야 생존할 수 있는 시대가 된 것이다.

4장

기후와 산업

기후변화가 한국 산업의 지형을 바꿀 수 있을까? 한국 사회는 그동안 반도체, 석유화학, 자동차, 철강, 제조, IT, 문화산업까지 분야를 가리지 않고 성장을 계속했다. 그러나 한국 산업은 연간 약 3억 5000만 톤의 온실가스를 내뿜는 탄소집약적 시스템을 가지고 있다. 특히 재생에너지 발전 비중(약 3% 내외)이 낮은 전력시스템은 구조적으로 기업들의 탈탄소화를 어렵게 만든다. 앞으로 글로벌 사회의 탈탄소 바람이 한국 경제에 어떤 위기를 안겨줄지 살펴보자.

산업의 쌀, 철강

한국의 여러 산업 가운데 대표적으로 철강산업을 들여다 보자. 한국의 철강산업은 일 년에 약 1억 3000만 톤의 온실가스를 배출하고 있다. 산업 부문에서 가장 큰 비중을 차지한다(약 50%). 그중 포스코는 일 년에 약 7000만 톤 이상의 온실가스를 배출하면서 당당히 최대 온실가스 배출 기업으로 자리하고 있다. 철강은 우리 삶과 밀접하게 연관되어 있는 분야다. 이를테면 우리가 매일 이용하는 자동차의 외피나 구조체는 물론이고, 회사나 학교, 가정의 모든 건물 안에도 철근이라는 형태의 철강제품이 사용된다. 국방에서도 철강은 중요하다. 총부터 미사일까지 사용되지 않는 곳이 없다. 아마도 삶의 모든 부분에서 철강제품이 들어가지 않은 부분이 없을 것이다. 과거부터 철강산업은 제조업의 중심이었으며 중공업의 원자재를 공급할 수 있다는 점에서 한국에서는 핵심 전략산업으로 분류되었다. 그런데 철강산업에서 온실가스를 많이 배출하는 이유는 무엇일까?

현재 사용되는 철강 생산공정은 크게 고로방식BF-BOF과 전기로방식EAF으로 나뉜다. 고로방식은 철광석을 녹여 사용 가능할 정도의 선철Pig Iron을 만드는 방식이다. 고로 안에 철광석을 석탄의 변형 형태인 코크스와 함께 넣어 선철을 뽑아내고, 그 뒤 선철에 탄소나 구리를 결합시켜 다양한 철강제품을 생산하는 것이다. 문제는 바로 이 고로에서 발생한다. 산소O를 함유한 철광석FeO과 코크스C가 결합해 순수한 철을 만드는 것인데, 그 과정에서 다량의 온실가스가 배출된다.

전기로방식은 이보다는 조금 단순하다. 재활용이 가능하며 사용기한이 지난 철강제품을 전기로에서 녹여 새로운 제품을 생산하는 것이다. 녹이는 과정에서 온실가스는 거의 나오지 않지만 온도를 높일 때 많은 양의 에너지(전력)가 투입된다. 이때 사용되는 고철은 일반적으로 산업화의 역사가 길거나 경제 규모에 따라 더 많은 양을 확보할 수 있는데, 미국의 전기로 비중이 한국보다 높은 이유가 바로 여기에 있다.

철강산업이 온실가스를 줄일 방법은 크게 두 가지다. 첫째, 고로방식이 아닌 전기로방식을 택하는 것이다. 이는 온실가스를 줄일 수 있는 가장 현실적인 대안이며 많은 나라에서 주요 전략으로 검토하고 있다. 실제로 한국 철강제품의 약 30%는 전기로에서 생산되고 있다. 그러나 전기로 생산방식에도 문제가 없는 것은 아니다. 앞서 언급했듯 많은 양의 에너지가 필요하다. 현재 한국은 전력 대부분을 화석연료 기반의 발전소에서 만든다. 곧 전력이 청정에너지로 생산되지 않는 이상 전기로방식은 기대만큼 온실가스를 줄이지 못할 것이다. 또 전기로에서는 완성되었던 철강제품을 다시 녹일 때 많은 불순물이 배출된다. 특히 구리와 철을 완벽하게 분리하는 기술이 아직 상용화되지 않았기에 전기로에서 생산되는 철강제품은 대부분 건물 구조물에 사용된다.

여기에 대안이 있다. 철광석에 코크스가 아닌 수소H를 넣는 것이다. 현재 철광석이 코크스와 결합할 때 발생하는 온실가스는 화학적으로 석탄의 탄소 원소에 기인한다. 따라서 이론적으로 수소와 결합시킨다면 온실가스가 아닌 물H20이 배출될 것이다. 이런 방식을 '수소환원철H2-DRI 방식'이라고 부르는데, 포스코에서 2040년부터 수소환원철 방식을 통한 제품 생산을 약속하고 있을 만큼 연구가 활발히 진행되고 있다.

그러나 그 상용 가능성은 아직까지 입증되지 않았다. 스웨덴에서 'Hybrit'이라는 프로젝트가 진행되고 있지만 대형화 단계를 보여준 기업은 존재하지 않는다.

또 환원철을 만들려면 중단기적으로는 천연가스와 고품질의 철광석을 확보하는 것이 중요한데, 한국에는 안타깝게도 두 요소 모두 존재하지 않는다. 그럼에도 한국 철강산업이 수소환원철 방식으로 전환해야 하는 이유는 탄소국경조정세로 인한 관세 부담이 증가할 수 있어서다. 한국은 중공업 비중이 높은 나라로써 철강 없이는 유지가 어려운 경제구조를 가지고 있다. 지금은 1차적으로 철강산업만 타격을 입겠지만 이를 활용한 자동차산업이나 기계산업 등 2차 피해로 확산될 수 있다. 앞서 언급한 Scope3의 개념이 확장된다면 한국 제품은 더더욱 타격을 받을 것이다. 모든 제품의 근간이 되는 철강업의 수소화를 전략적으로 고민해야 하는 이유다.

순환하는 경제

20대에 가장 큰 영향을 준 책 가운데 하나는 애니 러너스 Annie Leonard의 《물건 이야기》다. 이 책은 평소에 잘 생각하지 못했던 물건의 탄생과 폐기 과정을 다루고 있다. 모든 물건은 다음의 과정을 거쳐 제조된다.

원료 채취→생산 및 가공→소비→폐기.

이 과정에서 우리가 경험하는 것은 생산과 소비일 것이다. 심지어 생산도 우리는 제한적으로만 경험한다. 우리는 정말 소비를 많이 한다. 책에 따르면 사람들은 70~80%의 물건을 제대로 활용하지 못하고 죽는다고 한다. 인간의 욕심은 불필요한 소비를 만들기도 하고 혹시나 필요할지도 모른다는 막연한 걱정에 비정상적 구매를 일으키기도 한다. 이런 소비 욕구가 나쁜 것만은 아니다. 소비를 해야만 경제가 원활히 돌아가기 때문이다.

그런데 물건을 사용하고 폐기하는 과정, 곧 내가 오늘 사용한 플라스틱으로 된 떡볶이 그릇이 어디로 가는지 궁금해하는 사람은 많지 않다. 옷이나 음식도 마찬가지다. 흔히 말하는 '쓰레기'는 종량제 봉투에 담겨 어디론가 사라질 뿐이다. 그렇다면 이 쓰레기들은 어디로 향하는 걸까?

쓰레기를 처리하는 방식으로는 크게 세 가지가 있다. 소각, 매립, 재활용이다. 소각 과정에서는 열이 발생하기 때문에 우리는 그 열을 활용해 물을 데우기도 하고 발전기를 돌려 전력을 생산하기도 한다. 이런 에너지를 '폐열 – 소각열 에너지'라 부른다. 그런데 쓰레기 처리 과정에서 나오는 에너지를 재활용하는 기술이기 때문에 분명 친환경적이지만 태우는 행위에서 오염물질이 발생한다. 질산화탄소, 황산화물, 미세먼지 등이 나오는 것이다.

매립은 쓰레기를 땅에 묻는 것이다. 쓰레기를 땅에 묻으면 대기오염을 일으키지는 않지만 땅을 오염시키고, 장기적으로는 환경호르몬을 발생시키거나 악취를 풍기기 때문에 문제가 많은 처리 방식으로 인식되고 있다.

재활용은 그보다는 나은 방식이지만 재활용할 수 있는 소재들은 무척 제한적이다. 플라스틱, 철, 알루미늄, 구리 등이 있는데 제품을 분류하거나 녹이는 과정에서 많은 에너지가 사용된다.

이 세 방식 모두 완벽하지 않다. 따라서 소비를 줄이거나 그나마 나은 방식인 재활용을 늘리는 게 최선이다. 지금까지 쓰레기 처리는 공공의 영역이었다. 정부와 사회가 기업과 소비자들이 배출하는 쓰레기를 큰 대가를 요구하지 않고 처리해왔다. 그러나 지금은 그 한계가 드러나고 있다. 태평양 한가운데에 쓰레기 섬이 생겼다거나, 수도권 매립지가 포화 상태에 이르렀다거나, 중국 쓰레기 반입이 금지되었다는 뉴스가 종종 들린다. 실제로 2030년 이후 수도권에서 추가 매립지를 확보할 수 있을지 불투명한 상황이다.

다시 말해, 폐기물 처리 문제에서도 이제는 기업과 소비자에게 책임을 물어야 하는 시대가 온 것이다. 그 대표 제도가 '생산자책임제도Extended Producer Responsibility'다. 생산자책임제도는 제품 생산자와 소비자에게 제품 폐기물에 대해 재활용 의무를 부여하고 이를 이행하지 않을 경우 비용을 지불하게 하는 정책이다.

일본에서는 1990년대부터 유통업체들에 플라스틱 용기

에 대한 재활용 의무를 부과해 관련 협회를 통해 비용을 지불하도록 하고 있고,[45] 유럽은 배터리, 금속, 플라스틱과 관련한 생산자책임제도를 시행해 제조업체들에게 책임을 묻고 있다. 한국도 플라스틱, 배터리 등을 중심으로 생산자책임제도 시행을 앞두고 있다. 이런 부분이 재무적으로 큰 위협이 되진 않겠지만 글로벌 사회가 이른바 '순환경제'를 본격적으로 준비하고 있다는 신호로 볼 수 있다.

전 세계적으로 2020년대부터 해양 플라스틱 문제가 주목받기 시작했다. 2022년 11월에는 플라스틱 오염에 대한 구속력 있는 국제협약을 위한 '정부간협상위원회Intergovernmental Negotiating Committee, INC'가 열렸는데, 2025년부터 파리기후변화협약처럼 구속력 있는 플라스틱 규제의 등장을 예고했다.[46] 지금은 플라스틱 생산 제한이나 폐기, 재활용 및 감독시스템에 대한 의견이 조율 중이다.

순환경제는 폐기물을 줄이고 천연자원의 고갈을 최소화하는 것을 목표로 하는 경제 모델이다. 폐기물과 그 부산물을 단순히 버리는 것이 아니라 용도를 바꿔 다시 활용하는 폐쇄루프시스템을 만들자는 발상에서 나왔다. 순환경제는 산업의 운영 방식에 혁명을 일으킬 잠재력을 가지고 있으며, 생산과 소비 분야의 환경적 위험을 줄이는 데 상당한 영향을 미칠 수 있다. 한국에서는 순환경제가 환경문제를 해결하고 지속가능한 경제성장을 촉진하기 위한 수단으로 주목받고 있다. 정부는 순환경제 활성화를 최우선 과제로 삼고 순환경제로 나아가기 위한 여러 프로그램을 준비하면서 2030년까지 재활용률을 지금의 43%에서 70%로 높이겠다고 약속했다.

순환경제는 폐기물 감축이나 자원 효율화 같은 이슈와 함께 한국의 여러 산업에 영향을 미칠 것이다. 이제 기업들은 제품 생산만이 아니라 폐기와 회수까지 고민해 사업을 추진해야 할 것이다.

리스크만 존재하는 것은 아니다. 순환경제는 수리나 재활용을 위해 설계된 제품의 개발을 장려하기 때문에 환경을 파괴하지 않는 혁신적 제품의 등장으로 이어질 수 있다. 순환경제가 기업에 새로운 기회를 창출하고 지속가능한 성장을 촉진할 수 있듯이 한국 경제에도 긍정적인 영향을 미칠 것이다. 이미 재활용품이나 폐기물과 관련한 새로운 시장이 형성되고 있으며, 이는 경제 활성화나 일자리 창출 같은 문제에 큰 원동력으로 작용할 것이다.

재생에너지를 도입해야 하는 이유

에너지 공급방식은 산업구조에 많은 영향을 끼친다. 게 다가 어떤 에너지원을 사용하느냐에 따라 온실가스 배출량도 크게 달라진다. 한국은 산업구조상 전력을 많이 사용하는 나 라다. 이를테면, 2020년 기준으로 약 530TWh의 전력을 사용 했는데, 이는 전 세계 8위에 해당하며 독일(489TWh)이나 프랑 스(424TWh), 영국(286TWh)보다 많은 수치다. 특히 최근 IT산 업의 성장과 제조업의 로봇화는 전력 사용량을 더욱 늘리고 있다.

여기서 원자력 이야기를 빼놓을 수 없다. 한국의 원자력 발전은 발전량 기준으로 전체의 약 30% 비중을 차지한다. 많은 사람이 탄소를 배출하지 않는 원자력발전을 화석연료 기반의 에너지를 대체하는 대안이라고 주장한다. 원자력발전이 여러 장점을 가지고 있는 것은 분명하다. 우선 가변성 없이 꾸준히 에너지를 공급할 수 있다. 또 석탄이나 LNG에 비해 연료 수입에 대한 부담이 적다(우라늄을 수입해야 하지만 석탄과 천연가스 수입에 비해 상대적으로 안정적이다). 그러나 현실적으로 원자력이 모든 에너지원을 대체하려면 지금의 설비보다 2~3배는 더 확대되어야 하는데, 면적당 원자력발전소 비율이 세계에서 가장 높은 상황에서 추가로 건설하는 것은 쉽지 않은 상황이다.

그렇다면 한국의 현실적 선택지는 무엇일까? 바로 수력과 풍력 그리고 태양광이다. 그러나 여기에도 몇 가지 극복해야 할 문제가 있다. 첫째, 한국은 지형적으로 수력이 풍부하지 않다. 댐과 하천이 있긴 하지만 다른 국가에 비해 많다고 할 수 없다. 유럽에서 재생에너지 비율이 높은 오스트리아, 스웨덴, 노르웨이는 수력발전이 차지하는 비중이 약 50~60%나 된다. 그중 오스트리아는 좋은 수력 자원을 보유하고 있어서 재생에너지 보급이 수력발전을 보완하는 차원에서 이뤄지고 있다. 한국 상황과는 많이 다르다.

둘째, 국토 면적이다. 태양광과 풍력은 석탄발전소나 원자력발전소에 비해 물리적 토지 면적을 훨씬 많이 요구한다. 한국은 국토 대부분이 산지이기에 임야나 농지에 설비를 병행해 놓고 있는데, 일부 산림을 활용하는 과정에서 어떤 형태로든 훼손이 일어날 수밖에 없다.

셋째, 가변성이다. 태양광발전은 낮 동안에만 전력 생산이 가능하고, 풍력발전은 바람에 따라 전력 발전량이 수시로 변한다. 이와 반대로 석탄발전과 원자력발전은 터빈을 돌려 에너지를 생산하기 때문에 상대적으로 안정적으로 전력을 공급할 수 있다. 유럽은 이런 재생에너지의 가변성을 극복하기 위해 국경을 뛰어넘는 전력망을 구축하고 있다. 곧 전력이 많이 생산되면 부족한 국가에 보내는, 수시로 전력을 다른 국가와 주고받는 시스템이다. 전력망이 넓은 지역에 분포하거나 다른 시간대에 퍼져 있으면 재생에너지의 가변성 문제는 어느 정도 줄어든다.

넷째, 주민 수용성 문제다. 2018년과 2020년 두 차례에 걸쳐 전국에 있는 재생에너지 현장을 방문한 적이 있다. 잘못 알려진 태양광발전과 풍력발전에 대한 정보는 주민들에게 막연한 두려움을 주어 설비 설치에 반대하는 상황을 만들었고, 이는 고스란히 재생에너지 설치 단가를 높이는 결과로 이어졌다.

한국은 재생에너지 사업을 진행하기에 좋은 조건은 아니다. 그럼에도 왜 재생에너지 사업을 계속해야 하는 걸까? 가장 큰 이유는 재생에너지가 온실가스를 가장 적게 배출하는 에너지원이어서다. 재생에너지 설비가 단기적으로는 환경을 일부 훼손할 수 있겠지만, 장기적 관점에서는 기후위기를 극복할 가장 안전한 에너지를 만들어줄 것이다. 또 재생에너지는 원료 수입에 대한 우려가 없다. 한국은 현재 상당히 높은 재생에너지 기술력을 가지고 있다. 지금은 중국의 태양광 패널과 풍력발전 기업들이 세계적으로 경쟁력을 보이고 있지만, 풍력 터빈이나 본체, 태양광 패널 설비 분야에서 한국 기업들 역시 상당한 수준에 도달해 있다. 고질적 문제였던 토지 면적 문제도 바다로 눈을 돌리면 어느 정도 해결할 수 있다. 해상 부유식 풍력발전을 통해 필요한 전력을 충분히 공급받는 방안이 힘을 얻고 있다.

재생에너지를 사용하지 않는 것이 이제는 재무 리스크가 되는 시대다. 한국의 에너지 비중은 재생에너지가 약 5%, 원자력이 약 20~30%, 수력이 약 1%이고, 나머지는 화석연료가 차지하고 있다. 적절히 대응하지 않는다면 한국의 에너지 문제는 심각해질 것이다.

RE100은 세계 각 기업들이 100% 재생에너지를 사용하자고 협의한 이니셔티브다. 이니셔티브는 기업들이 에너지 전환을 위한 정책을 제공하고 있다. RE100에 가입하지 않은 기업은 높은 에너지 비용을 감당해야 하거나 경쟁력 저하 위험을 떠안아야 한다. 에너지원을 재생에너지로 전환하는 일은 초기에 막대한 자금이 필요하겠지만, 장기적으로는 비용을 낮추고 경쟁력을 높이는 데 이바지할 것이다. 또 기업들은 지속가능한 환경 경영에 책임을 다하고 있는지 대중에게 평가받곤 하는데, 이를 충족하지 못한다면 기업 이미지는 크게 훼손될 가능성이 크다.

RE100 회원 기업들은 이미 많은 성과를 이루고 있다. 예를 들어, 애플은 2018년부터 모든 사무실, 데이터센터, 리테일 스토어에 100% 재생에너지를 사용하고 있다.[47] 마이크로소프트와 구글도 지속가능한 환경 경영에 대한 책임을 다하고 있다. 이제 RE100을 도입하지 않은 기업은 재생에너지 시장의 변화에 대응하지 못할 가능성이 높다. 필요한 에너지를 100% 재생에너지로 공급받자는 RE100의 지향은 단순한 캠페인이 아니다. 한국 산업에서 꽤 중요한 위치를 차지하는 세계 유수의 기업들이 공급사의 온실가스마저 제로로 만들겠다고 선언한다면 한국 기업의 경쟁력은 큰 타격을 입을 것이다.

한국 입장에서 재생에너지 도입은 분명 해결해야 할 과

제가 많은 도전이지만 그럼에도 반드시 가야 할 길이다. 이제는 원자력이냐 재생에너지냐에 관한 논쟁에서 벗어나야 할 때다.

음식의 무게

내가 먹는 음식이 50년 뒤 후손의 삶에 영향을 줄 수 있다고 생각하는 사람은 별로 없을 것이다. 그런데 이제는 고민해야만 하는 시점이 되었다. 음식을 빼놓고 기후변화 문제를 논하기는 어렵기 때문이다.

최근 한국 사람들의 육류 소비가 늘었다고 한다. 사실 한국은 지형적으로 소나 돼지, 닭을 사육하기에 좋은 곳은 아니다. 넓은 지대가 많지 않아서다. 오랫동안 한국인은 부족한 단백질을 보충하기 위해 동물뼈를 끓여 육수를 만들거나 돼지나 소의 내장까지 남김없이 먹곤 했다. 그런데 경제성장과 함께 육식 인구가 빠르게 증가하면서 한국 축산업은 지난 50

년간 비약적 성장을 이뤘다. 발전된 축산기술과 시설을 도입해 넓은 초원 없이도 양산형 축산업을 발달시킬 수 있었던 것이다. 2020년 기준으로 한국인은 주식인 쌀만큼 육류(소고기, 돼지고기, 닭고기)를 섭취한다. 일 년에 쌀은 약 57킬로그램을, 육류는 약 54킬로그램을 먹고 있다. 이와 달리 영국과 프랑스에서는 육류 소비가 줄고 있다. 정부가 채식을 권하기 때문이다. 유럽연합은 동물성 제품 감축을 통해 온실가스를 줄이겠다고 선언한 바 있다. 2021년 영국 '기후변화위원회Climate Change Committee'는 기후변화 대응을 위해 육식을 자제해달라고 권고했으며, 프랑스는 기후법을 통해 공립학교와 공공기관은 일주일에 한 번 고기가 없는 채식 또는 비건 음식을 제공해야 하는 의무가 생겼다. 한국에서도 '2050 탄소중립 시나리오' 가운데 하나로 육류 소비 감소가 제시된 바 있다.

그런데 왜 육류 소비가 문제가 되는 걸까? 소와 양이 되새김질을 하면서 배출하는 엄청난 양의 메탄가스 때문이다. 거기에 사료 생산과정에서도 막대한 온실가스가 나온다. 그중 소가 가장 큰 문제인데, IPCC에 따르면 축산업 전체 온실가스 배출에서 소가 차지하는 비중은 65~77%에 이른다. 소고기 1킬로그램이 배출하는 온실가스는 대략 60킬로그램으로 닭의 10배에 해당한다고 한다. 또 현재 전 세계 토지 면적의 4분의 1이 가축 사료를 생산하기 위해 쓰이고 있다. 이런 일련의 과정들 때문에 육식을 지양하는 분위기가 증가하고 있는 것이다. 채식 실천 캠페인인 '고기 없는 월요일'에 따르면 주 1회 채식을 한다면 일 년에 나무 15그루를 심는 효과가 있다고 한다.

채식은 환경, 건강, 동물 복지 등 다양한 면에서 유익한 것으로 알려져 있다. 그러나 채식이라는 선택지가 없는 사람도 있다. 이들은 대체 육류를 고려할 수도 있을 것이다. 대체 육류는 식물성 원료를 사용해 고기와 같은 맛과 질감을 만들어내기에 환경문제와 건강문제를 해결할 대안으로 떠오르고 있다. 전 세계적으로 대체육산업은 빠르게 성장 중이다.

우리가 먹는 것들이 기후에 부정적 영향을 주면서 부메랑처럼 우리 식탁으로 돌아오고 있다. 어쩌면 더이상 풍족한 식탁이 우리 앞에 놓이지 않을지도 모른다. 음식의 무게를 생각해야 하는 때다.

우리는 넷제로 사회로
나아갈 수 있을까?

과학자들이 기후변화가 가져올 위험에 대해 경고하고 있는데도 사회가 제대로 대응하지 못하는 이유는 무엇일까? 기후변화가 모든 것을 바꿀 엄청난 재앙이라면 왜 인류는 합심해서 기후변화를 막지 않는 걸까?

첫째는 인간의 강력한 본능인 이기심 때문일 것이다. 인간의 이기심은 자본주의 사회를 이끌어온 가장 강력한 동인이었다. 남들보다 더 많은 것을 소유하려는 마음은 더 좋은 제품의 개발을 이끌면서 자본을 축적시켰다. 폭발적이고 효율적인 에너지인 석탄과 석유의 발견은 인류의 자본주의 시스템에 기름을 부었다. 애덤 스미스가 《국부론》에서 인간의 이기심을 합리적으로 해석했던 18세기부터 인류는 화석연료를 이용한 증기기관을 사용했다. 여기서 발전한 기술로 자본을 축적한 유럽 사회는 산업혁명을 거치며 전 세계 경제를 빠르게 성장시켰다. 실제로 전 세계 GDP는 1800년 이전까지 수천 년 동안은 크게 성장하지 않았지만 화석연료 출현 이후에는 급속하게 성장했다.

둘째는 저탄소 경제로 전환하는 것에 대한 오해와 사회 구성원들의 책임 미루기 때문이다. '나 하나쯤이야'라는 마음은 '우리 기업으로는 어림도 없어' '우리 국가의 책임은 크지 않아'로 점점 발전해갔다. 국제사회에서 한 국가가 일방적으로 정책을 바꾸는 일은 합리적이지 않을뿐더러 쉽게 일어나지도 않는다.

기후변화에 대응하기 위한 수단들을 하나둘 열거하다 보면, 삶의 형태를 바꿔야 하기에 사람들이 부정적으로 받아들이기 쉽다. 편하게 누리던 많은 것을 포기해야 하기 때문이다. 누군가는 지금처럼 경제나 안보가 우선시되는 정치시스템에서 기후변화는 결코 우선순위가 될 수 없다고 말한다.

정치인들에게 가장 중요한 것 가운데 하나는 이른바 경제 성적표다. 경제를 어떻게 성장시킬 것인지가 선거에서 매우 중요한 요소로 작용하고 있기에 누군가는 정치적 과오가 있거나 장기적 비전이 없더라도 경제성장을 담보해준다는 이가 있다면 그에게 표를 던지기도 했다.

1960년 이후 산업화를 이뤄낸 이후 한국 경제는 해외시장을 개척하거나 기술 투자에 집중해왔다. 그러나 이런 산업을 유지하려면 무엇보다 에너지가 안정적으로 공급되어야 한다. 발전공기업을 중심으로 저렴한 에너지를 사용한 산업 생태계는 그동안 상당히 효율적이었다. 수출기업은 에너지 걱정 없이 생산공정의 효율화에만 집중할 수 있었고, 정부는 '규모의 경제'를 실현해 비용 효과적인 에너지정책을 펼칠 수 있었다.

그러나 우리가 사용하는 에너지는 대부분 무언가를 태워서 얻어왔다. 탄소중립을 정말 원한다면 지금까지의 에너지 공급방식, 경제성장 방식을 다시 설계해야만 한다. 그렇기에 많은 사람이 불안을 느끼는 것이다. 누군가에게는 그동안 해온 노력을 부정당하는 일일 수 있고, '보다 나은 삶'이라는 꿈을 포기하라는 말처럼 들릴 수도 있다.

이런 상황은 국제사회에서도 작동한다. 각종 자료에 따르면, 전 세계 온실가스 배출의 책임은 중국과 인도에 있는 것처럼 보인다. 중국은 매년 100억 톤 정도의 온실가스를 내뿜고 있다. 그러나 1900년부터 누적된 양으로 계산하면 온실가스에 대한 관점은 사뭇 달라진다. 유럽과 미국의 책임이 중국과 인도를 월등히 넘어서기 때문이다. 바로 이 부분에서 국제사회의 이기심이 발동된다. 온실가스는 한번 배출되면 200년 동안 대기에서 사라지지 않고 머문다. 곧 매년 배출되는 온실가스가 올해만이 아니라 200년 동안 지속적으로 기후변화라는 피해를 발생시킨다는 뜻이다. 다시 말해 지금 기후변화의 원인은 단순히 2022년 한 해의 온실가스 배출량 때문이 아니라 200년 동안(산업혁명 이후) 누적되어 배출된 온실가스량으로 평가되어야 한다는 뜻이다. 중국이나 인도 같은 국가는 따라서 좀 억울할 수도 있을 것이다. 이런 문제는 온실가스 감축을 둘러싼 국제협상에서의 갈등과 무대응으로 이어지고 있다. 2006년 처음으로 국제사회에서 온실가스 감축을 약속했던 교토의정서는 선진국과 개발도상국의 강제적 감축을 요구했지만 결국 미국, 캐나다의 탈퇴로 결과를 내지 못했다.

국제사회의 미흡한 대응의 또다른 배경은 기후변화 문제의 특성에 있다. 온실가스는 지역에서 배출되지만 그 대가는 전 세계가 치러야 한다. 경제학에서는 이를 게임이론으로 설명하는데, 상대국이 온실가스를 줄이지 않는 상황에서 자국이 온실가스를 섣부르게 감축하면 자칫 기후변화로 인한 피해와 경제시스템 전환에 따른 비용을 모두 떠안아야 할 수도 있다. 따라서 온실가스 감축정책은 각 국가에서 전략적으로 최대한 미루는 정책이 되기 쉽다.

경제성장에 대한 환상, 국제사회의 이기적 전략으로 기후변화 문제는 해결이 쉽지 않아 보인다. 그러나 관점을 세대 간 효용으로 본다면 문제는 사뭇 달라진다. 온실가스 배출의 피해는 결국 미래 세대에게 돌아갈 것이기 때문이다. 기후변화가 종국에는 금융위기를 촉발하는 요인이 된다면, 어떻게 해야 자산을 지켜낼 수 있는지가 정치인들에게는 중요한 공약이 될 것이다.

또 국제사회에는 국가만이 아니라 다양한 기관도 이해관계자로 등장한다. 대표적으로 IPCC와 UN에서는 〈지구온난화 1.5도 특별보고서Special Report on Global Warming of 1.5°C〉(2018)와 〈유엔환경계획 배출량 격차 보고서UENP Emission Gap Report〉(2019)를 발표하면서 2100년까지 지구 평균기온이 1.5도 이상 상승하는 것을 막으려면 매년 온실가스를 7.6퍼센트 감축해야 한다고 강력하게 주장한다. 국제금융기관인 국제결제은행BIS, 국제통화기금IMF, 세계은행WB 모두 기후변화가 엄청난 재무 리스크를 초래할 것이라고 일제히 경고하고 있다.

온실가스 감축 문제는 앞서도 이야기했듯 그동안 한국 사회가 추구해온 지향점과는 근본적으로 다르다. 1962년부터 1996년까지 일곱 차례 진행된 '경제개발 5개년 계획'은 과정에 대한 설득이 필요했을 뿐 당위성에는 모두가 공감했다. 어제보다 더 좋은 물건을 소유하고 성공한 삶을 만들어보자는 메시지를 비판하는 사람은 거의 없었다. 그러나 이제 우리는 기후변화라는 재앙을 눈앞에 두고 있다. 무책임한 결정에 따른 물리적 피해를 후손에게 넘겨줄지 말지는 우리 손에 달려 있다.

우리는 화석연료에 기반한 에너지보다 가격이 비싼 재생에너지가 왜 이토록 글로벌 사회에서 강조되고 있는지, 한국 정부는 상향된 온실가스 감축목표와 '2050 탄소중립 시나리오'를 달성하기 위해 어떤 정책을 가지고 있는지 관심을 가지고 끊임없이 토론해야 한다. 기후변화를 제대로 이해하려면, 그리고 사람들을 설득하기 위한 당위성을 얻으려면 기후변화를 경제적으로 바라볼 수 있는 안목을 가져야 할 것이다. 그 일을 이루는 데 이 책이 작은 도움이 되기를 희망한다.

1. 〈제15호 태풍 "루사RUSA" 특성 분석〉, 2002, 기상청.

2. Redford, D. (2023, January 12). Munich Re: Natural disasters caused losses of $270B in 2022. PropertyCasualty360.

3. Woetzel, J., Pinner, D., Samandari, H., Engel, H., Krishnan, M., Boland, B., & Powis, C. (n.d.). Will the world's breadbaskets become less reliable? McKinsey & Company.

4. Evans, S. (2015, December 10). Climate change poses growing risk for insurers. Reuters.

5. Sterner, T., & Johansson, D. J. A. (2017). Policy Instruments for Climate Change: How Can National Governments Address a Global Problem? The University of Chicago Press Journals, 83(1), 31-46.

6. Intergovernmental Panel on Climate Change. (2018). FAQ Chapter 1. IPCC.

7. Jazeera, A. (2022, November 9). Why Indonesia is abandoning its capital Jakarta to save it. Al Jazeera.

8. 홍경우, 〈자연재해를 극복하는 풍수해보험과 나아갈 방향〉, 방재저널 제53호, 2012.

9. Natural Resources Defense Council. (n.d.). Climate Tipping Points Are Closer Than Once Thought. NRDC.

10. 〈한반도 100년의 기후변화 보고서〉, 국립기상과학원, 2012.

11. The Economist. (2021, July 24). Three degrees of global warming is quite plausible and truly disastrous. The Economist.

12. Intergovernmental Panel on Climate Change. (2018). Chapter 3. IPCC.

13. Intergovernmental Panel on Climate Change. (2022). Chapter 4. IPCC.

14. Stern, N. (2007). The Economics of Climate Change: The Stern Review. Cambridge University Press.

15. Organisation for Economic Co-operation and Development. (2005). The Benefits of Climate Change Policies: Analytical and Framework Issues. OECD.

16. Intergovernmental Panel on Climate Change. (2001). Climate Change 2001: Mitigation. IPCC.

17. Weitzman, M. L. (1974). Prices vs. Quantities. The Review of Economic Studies, 41(4), 477-491.

18. HM Government. (2013). Infrastructure Carbon Review. HM Government.

19. Interagency Working Group on Social Cost of Greenhouse Gases. (2021). Technical Support Document: Social Cost of Carbon, Methane, and Nitrous Oxide. The White House.

20. 위의 자료.

21. 위의 자료.

22. Network for Greening the Financial System. (2021). NGFS Climate Scenarios for central banks and supervisors. NGFS.

23. Mischke, J., & Zech, J. (n.d.). The state of internal carbon pricing. McKinsey & Company.

24. Shalal, A. (2022, November 7). COP27: IMF chief says $75/ton carbon

price needed by 2030. Reuters.

25. 저탄소녹색성장기본법 제46조 온실가스 배출권 할당 및 거래에 관한 법률.

26. Nordhaus, W. (2015). Climate Clubs: Overcoming Free-riding in International Climate Policy. American Economic Review, 105(4), 1339-1370.

27. Federal Ministry for Economic Affairs and Climate Action. (2022, December 12). G7 establishes climate club. BMWK.

28. Council of the European Union. (2022, March 15). Carbon border adjustment mechanism (CBAM): Council agrees its negotiating mandate. Consilium.

29. Friedman, L. (2021, July 19). Democrats' Push for Border Carbon Tax Alarms White House. The New York Times.

30. Cosbey, A., Droege, S., Fischer, C., Reinaud, J., & Stephenson, J. (2019). Developing guidance for implementing border carbon adjustments: lessons, cautions, and research needs from the literature. Journal of Cleaner Production, 214, 905-916.

31. Task Force on Climate-related Financial Disclosures. (n.d.). Recommendations. TCFD.

32. European Parliament. (2022, June 20). New social and environmental reporting rules for large companies. European Parliament News.

33. International Energy Agency. (2021). Net Zero by 2050. IEA.

34. European Commission. (n.d.). EU Taxonomy for sustainable activities. European Commission.

35. Institute for Global Environmental Strategies. (n.d.). Japan Sustainable Finance Policy Update: Feb 22 – Apr 22. IGES.

36. Climate Bonds Initiative. (2021). Policy Analysis Report 2021. Climate Bonds Initiative.

37. ING. (2018, April 20). ING will steer portfolio towards two-degree goal to help combat climate change. ING Newsroom.

38. AXA. (n.d.). AXA and climate change. AXA.

39. Munich Re. (2020, December 9). Munich Re to stop investing in and insuring coal-based risks. Munich Re News.

40. Barclays. (2022). Barclays Climate Strategy: Targets and Progress 2022. Barclays.

41. UBS. (2022). UBS Climate and Nature Report 2022. UBS.

42. HSBC. (2022). ESG Review 2022. HSBC Holdings plc.

43. Climate Bonds Initiative. (2021, January). Record $269.5bn Green Issuance in 2020. Climate Bonds Initiative.

44. Science Based Targets. (n.d.). Net-Zero. Science Based Targets.

45. Circular Economy Earth. (n.d.). How Japan is using the circular economy to recycle plastics. Circular Economy Earth.

46. United Nations Environment Programme. (n.d.). Inter-Governmental Negotiating Committee Meeting (INC-1). UNEP.

47. Apple. (2018, April 9). Apple now globally powered by 100 percent renewable energy. Apple Newsroom.

탄소버블

1판 1쇄 찍음 2023년 04월 25일
1판 1쇄 펴냄 2023년 05월 05일

지은이 박진수
펴낸이 천경호
종이 월드페이퍼
제작 (주)아트인
펴낸곳 루아크
출판등록 2015년 11월 10일 제2021-000135호
주소 10881 경기도 파주시 회동길 480, 아트팩토리 NJF B동 233호
전화 031.998.6872
팩스 031.5171.3557
이메일 ruachbook@hanmail.net

ISBN 979-11-88296-65-1 03300